醫學院高材生才知道的

脳が冴える勉強法—覚醒を高め、思考を整える

驚人記憶術

修訂版

築山 節◎著 李伊芳◎譯

作者序

脫離「苦讀」生活、擺脫學習的無力感！

成人、小孩都適用的「十倍速活腦學習法」

學習講求效率，唸書不該是苦差事

人生難免會遇到需要咬緊牙關、認真唸書的時期，例如資格檢定考、升學考試、英文檢定考、職場升等考試、公職人員特考等，「學習」扮演著不可或缺的關鍵角色。即使白天忙於工作，下班後還要想盡辦法擠出時間唸書，雖然辛苦，但這是人生的必經過程，集中火力向大腦灌輸知識與技能，就能創造往後幸福的人生！

希望各位讀者不要將學習與唸書視為痛苦的事。與其終日埋首書堆苦讀，不如提升學習效率，讓自己有更多時間享受生活。為達成這個目的，「充分活用大腦」是左右成敗的關鍵。**本書的「活腦學習法」，目標是使付出的努力有意義、能清楚看見成效。**我以腦科學常識結合臨床經驗，歸結出「大腦具有某種特性」，並依此設計出最有效率的學習方法。

▼本書六大章節重點導讀

第1章 喚醒大腦，讀書效率變高，不再做白工！

身為腦神經外科醫生，我從臨床經驗中體悟到**「喚醒大腦」**的重要性。第一章將以此為基礎，讓大腦能高效率運作，並詳細解說**「提高集中力的方法」**。

第2章 「睡眠品質」是影響大腦效能的關鍵！

睡眠品質會影響大腦的運用效能。喚醒大腦與讓大腦入睡的技巧，兩者同等重要，若能善加組合利用，便能大幅提升學習成效。

第3章 「高效率筆記及閱讀法」大公開，不是唸書的料也不怕！

想讓有價值的知識確實成為個人記憶，並不是要「鍛鍊記憶力」，而是應該設法「強化每一段記憶」。**確實歷經「認識、解釋」和「歸納、整合」的階段，使大腦建立「知識體系」。**

我並非天性聰穎的人，之所以能如願成為醫生，和醫學院時期培養的學習方法**（筆記與閱讀方法）**有很大的關係。將於本章和讀者們分享強化記憶的秘訣。

第4章 培養「反覆訓練」的好習慣

本章從神經學的角度解說大腦記憶的原理，探討如何使大腦回路增加效率，關鍵在於「海柏學習法則」（Hebbian Learning Rule）。海柏學習法是以神經學為基礎，解釋大腦學習力的理論，另外加入我個人的研究，將其重新編排為幫助學習的要點。大家閱讀本章後，**就能以科學角度體會「反覆訓練」的重要性**，學會如何自我訓練，養成唸書好習慣。

第5章 培育「孩童大腦」的方法，從小打造「天才腦」！

「兒童大腦」可說是大腦的原型，認識大腦原型不但能促進「成人大腦」發展，更可快速辨識孩童時期的學習方法是否真正有效。其實，**絕大多數事物成年後才開始學習都還來得及，有些甚至更容易看見成效。**請以孩童大腦為基礎，認識「培育大腦的合理順序」、「激起學習幹勁的方法」。

第6章 適合「成人大腦」的學習方法，學好英文永遠不嫌晚！

本章以孩童的學習方法做對比，針對成人的學習方法詳細解說。最重要的關鍵在於擁有具體目標，並就大腦的特性說明其原因。**「如何學好英文」**是大家最關心的話題，在此特別分析學習英文的最佳方法及時機。

學習目的與環境因人而異，依照本書內容與個人條件適度安排，就能真正建立適合自己的學習方法。衷心期盼讀者們能有所收穫，朝自身目標持續邁進。

築山 節

第1章

頭腦清醒，才能喚醒你的「學習力」！

如何讓你的大腦「清醒」？

第2章

讓大腦「一夜好眠」，工作學習更順利！

養精蓄銳，才能創造下一次高峰

第3章

善用「重點筆記」與「零壓力閱讀法」

建構「舉一反三」的記憶力！

第4章

打造「記性好」的大腦學習法則

學習效率從「火車」升級成「高鐵」！

第5章

配合大腦發展順序＋充分讚美，造就小天才！

讓孩子喜歡唸書，打造「超強學習力」！

第6章

就算六十歲，還是可以開始學習！

持續學習的四要件：目標、獎賞、興趣、便利性

第 1 章

如何讓你的大腦「清醒」？

頭腦清醒，
才能喚醒你的「學習力」！

讓大腦「清醒」的三關鍵

大腦清醒時思緒敏捷，工作時處於興致高昂的絕佳狀態；學習時，解題速度會比平常快上許多，即使碰上高難度的題目，也可以馬上找到方向；寫文章時則能文思泉湧，條理清晰。因此，**每當提到學習方法時，如何刻意讓大腦保持「清醒」，並在每一次學習時間善加利用，絕對是要優先強調的重點。**一般在三種情形下，我們會覺得自己的大腦思緒清晰：

關鍵 1 運動之後，大腦會變「聰明」

大腦什麼時候最清醒呢？答案是「在身體充分活動之後」。大家不妨回想平常散步、慢跑之後（或進行當中），頭腦是不是格外清楚，創意和靈感接二連三地湧現？與好友談笑風生後，也會感覺大腦變靈活了。

造成此類現象的原因，其實是血液充分循環至整個大腦的緣故。大腦支配肢體運動的區塊，分布在大腦表面的中央位置，如果想使運動機能活躍，必須將血液輸送至該處，如此便能理解讓血液循環至大腦的重要性了。

▼身體越活動，大腦效率越高

人類的大腦機能運作與身體活動程度息息相關。人體活動時，大腦的活性也會隨之升高。大腦是生命體的一部分，身體越活動，大腦效能就會越高。

然而讀書時坐在椅子上，幾乎處於靜止不動的狀態，唸書的時間越長，身體靜止的時間越長；**而身體靜止越久，會讓大腦運作效能更趨低落，我們常不知不覺落入這種惡性循環**。因此，把學習與運動視為一套相輔相成的方法，才是恰當的做法，這也是學習效果突出的人，自然而然養成的習慣。

關鍵 2

整理桌面、丟垃圾，能刺激大腦產生「興奮感」

除了運動之外，「工作後」也會覺得大腦特別清醒。例如**「整理桌面後」比「整理桌面前」更容易進入學習狀況**；同理，完成多道簡單的計算題後，容易感覺思路更加清晰。這種現象被稱為「勞動興奮」，由德國精神科醫師克雷普林所提出，因此也被稱為「克雷普林的勞動興奮」。

▼善加利用克雷普林的「勞動興奮」

分析大腦結構，位處大腦邊緣的「伏隔核」與「勞動興奮」密切相關。**即使只是動動手的簡單工作，都能刺激大腦伏隔核，使人處於輕微興奮的狀態。**

想引發勞動興奮，必須先對工作抱持「簡單、輕鬆」的想法。可能有人會因此產生疑問：「簡單的工作就能引起勞動興奮，那麼困難的工作，成效豈不是更好？」但事實並非如此。

伏隔核屬於大腦「酬償系統」中的一環。「酬償系統」簡單來說就是人受到讚美時，會激起「好，我要更努力！」的心態，是影響本能行動的中樞。對大腦來說，「讚美」就是成功體驗，會讓自己感到「舒服暢快」。

▼喚起大腦的「清醒狀態」，有助工作學習

「整理桌面」、「把文具放到筆筒裡」、「丟掉不需要的物品」、「把書放到書架上」等簡單動作，**可以幫大腦累積小小的成功經驗，帶來「暢快感」**，這是因為大腦酬償系統中的伏隔核受到刺激，使人興奮。但若換做高難度的工作，想達成此目的就沒那麼簡單了。

不過，一直持續做單調重覆的工作，反而無法讓大腦保持活性。**整理桌面後，花五分鐘寫報告或文案、或進行稍有難度的學習**，接著逐步轉為集中心力的認真學習，「由易到難，循序漸進，在簡單中帶點變化」更有助於產生勞動興奮。

關鍵 3

「時間急迫」的緊張感，使大腦保持清醒

有人會問：「輕微的興奮狀態有助於提升大腦的清醒度，那麼緊張與迫切感是否也會有相同效果？」沒錯，正是如此！**「感受緊張與迫切」是讓大腦保持清醒的第三種方法。**

請回想睡過頭的經驗，二十分鐘後不出門絕對會遲到，在兵慌馬亂中洗臉、刷牙、梳頭，省略一些習慣的步驟，將必要物品一股腦丟進包包，飛也似地火速奔出家門。儘管只有短短幾分鐘，但在做這些動作的同時，原本沉睡的大腦會瞬間清醒過來。在緊張與迫切感的刺激下，大腦會感到興奮，使活性急速增加。

▼利用「時間限制」，讓壓迫感近在眉梢

想要有計畫地利用緊張感，讓頭腦清醒，就必須有「時間限制」。即便是單調簡單的工作，若開始前就煩惱著要花多久時間才能完成，原本的勞動興奮會大打折

扣，導致動作拖拖拉拉、工作效率低落。

我建議反其道而行，**在工作開始前，先訂定時間限制。例如事先決定早上8點開始唸書。現在是七點三十分，剩下的半小時要完成哪幾項工作。**無形中的「時間限制」會使人時時刻刻緊盯時鐘，強化緊張與迫切感，在短時間內便能製造充足的勞動興奮，若想在視覺上更直接地感受時間節節逼近，不妨使用電子時鐘或沙漏，效果更佳。真正要開始學習時，也可運用時間限制，讓記憶效果加倍。

例如，早上八點開始唸書，九點準時出門，限制時間即為一小時，於是要求自己在一小時內要唸完哪幾頁。**當「時間」與「量」的關係清楚明確，緊張感與迫切感自然呼之欲出，大腦就容易維持清醒。**

如果你正苦惱於學習成效不彰、無法持之以恆，不妨參考以下建議：想提高唸書效率，不應只著眼於學習本身，更重要的是改善整體「生活習慣」。當大腦高效率運作時，即使學習才剛起步也能進步神速。觀察學習表現突出的人，基本上都有「隨時活用大腦」的生活步調。

▼讓大腦隨時擁有「緊張感」，學習更有效率

重視運動、喚起勞動興奮，讓自己隨時懷有衝勁，並養成設定時間限制的習慣，在這種情況下，學習不僅有效率，還能持久；反之，學習成效裹足不前的人，或許是太專注於「將一切心力集中在學習上」了。

想持之以恆地維持高效率學習，「動機」非常重要。廢寢忘食不代表很有效率，成果經常不盡理想。因此，**設法讓「整體生活融入學習」才是基本之道**。本章秉持這個宗旨，和大家分享具體有效的實行策略。

大腦清醒了，就不會常常「做白工」

▼幫助患者「恢復大腦機能」是重要課題

前文以「活性」及「高效率運作」形容大腦的清醒狀態，若要使用更精確的用詞，非**「清醒度」**莫屬。「清醒度」指的是大腦醒來後，能活躍到什麼程度、距離睡眠狀態多遠。

「操控清醒度」的能力，與能否活用大腦密切相關。接下來將簡單說明「清醒度」與「學習」的緊密關聯。

身為腦科醫師，我在東京的第三北品川醫院，開設了「高次腦機能障礙外科門診」。這個外科門診的目的，是提供患者大腦復健、恢復腦機能的專門訓練。

門診患者部分曾罹患腦部疾病或是受過重創，但某些患者沒有生病或受傷，也出現大腦運作效能變差、某項能力明顯低落等問題。面對此類情形，如何使患者的大腦恢復正常機能、該實行哪些具體對策，就是我在門診中需要解決的課題。

▼身體發生的異常現象，要特別注意

長年累積的臨床經驗中，常有患者在家時大腦功能失常，運動與思考能力無法正常運作，一到醫院後，卻又跟沒事一樣。或是患者剛進診間時，連話都說不清楚，面對醫護人員的詢問得花好一段時間才能清楚回答，在經過醫生問診、接受相關檢查後，突然就恢復正常語言能力，能與人對答如流。

這類患者在接受正式治療與復健前，症狀便大幅改善。家屬與患者本人都感到不可思議，不斷詢問「到底是為什麼呢？」

我會這麼對他們說明：「之前患者行為異常主要是因為大腦處於『睡眠狀態』。更精準地說，就是大腦尚未完全清醒，接近睡眠狀態。由於患者來醫院時，途中必定會走一些路，加上面對平常不熟悉的環境，迫使大腦提高警覺；與醫護人員接觸、接受檢查時，患者多少都會感到緊張。**大腦因為這一連串的運動與緊張感而甦醒，清醒度因此提升，腦功能才會突然變正常。」**

當然，這不能完全解決問題，實際上仍要針對個別症狀與病因詳加分析，再擬定適當的復健方案。不過，「清醒度」的問題無疑是多數患者的共通點，特別是在年輕病人身上，這已成為司空見慣的主要病因。因此，**只要設法提升大腦的「清醒度」**，即可收立竿見影之效。

▼努力不白費、告別低效率學習，「大腦清醒度」是關鍵

評估個別患者的狀況後，可在生活中增添「運動」、「勞動興奮」與「緊張感」、「迫切感」等要素。此外，如何使患者主動、自然地長時間持續這些行為，也是治療對策中要特別考量的。

不只腦科患者需培養「操控大腦清醒度」的能力，這對所有人來說都很重要，

尤其是致力於學習的人。

讓大腦不再處於「睡眠中」或「剛甦醒」的普通層級，**學會控制「清醒度」的方法，就不會再有「花很多時間唸書，學習成效不彰」、「工作效率差」等問題。**

活用「大腦三階段學習法」，工作不再頻出錯，做事效率100%

以下是控制大腦清醒度的兩大前提，希望各位讀者牢記在心：

❶ 一天裡，大腦清醒的尖峰狀態最多只有「二～三次」。

❷ 清醒度的尖峰狀態「無法長時間持續」。

「一天最多二～三次」，可能意謂著上午一次、下午一次、晚上一次。不過這是樂觀的理想狀態，以我個人來說，一天大約只有二次。而所謂「無法長時間持續」，僅限於「尖峰狀態」，指的是大腦最清醒、思路最清晰靈活、工作效率最高的狀態。

要特別說明的是，雖無法避免因人而異的情況，但尖峰狀態能持續一至二小時就算相當不錯了。請千萬不要誤解為「每次唸書時間只能讀一至二小時」。重點在於**尖峰狀態絕對要出現在「學習時間」裡。**此外，學習比較艱深的內容時，應發揮自我控制大腦清醒度的能力，學習才會有效率。

▼對應艱深內容，大腦會建構「工作回路」

大腦想確實吸收首次接觸的新內容、進階問題時，必須建構全新的「工作回路」（第四章會詳細說明，在此請理解為「對應學習的腦神經運作系統」）。

全新的工作回路，必須以大腦原有的工作回路為基礎，進行建造工程，這對大腦來說是個沉重負擔。假使可以在「大腦清醒的尖峰時段」進行較有難度的學習，一定能提升學習成效。

藉由簡單的運動或勞動興奮，能使大腦立即進入尖峰狀態，調整成最理想的清醒度，不過要成功辦到仍有些難度。如前所述，雖然運動或勞動興奮有助於大腦「暖機」，**但學習不同的科目，各有不同的思考邏輯與方向**，若無法善加運用，很難使「學習的大腦」進入清醒的尖峰期。此問題可用「三階段學習法」解決。

▼大腦的「三階段學習法」

首先，請將學習時段分為以下3個區塊：

階段❶——「尖峰前」學習（提升大腦清醒度）。

階段❷——「尖峰中」學習（活用大腦清醒度的尖峰狀態）。

階段❸——「尖峰後」學習（配合清醒度的下降）。

按照前述原理，「尖峰前」的學習應該包含「勞動興奮」，但這段時間其實仍應以「單純的學習」為佳，**並以「不學新的內容，著重在已學過的內容」為原則**，「複習昨日所學，加強特定科目的基礎」是最理想的做法，意即第四章中會提到的「反覆訓練」，這是學習不可或缺的重要關鍵。在尖峰前進行「反覆訓練」有助於提升大腦清醒度。

階段 1 【尖峰前】先抽出十五分鐘複習，讓大腦清醒度上升

開始學習前，依循下列的三步驟能獲取最大效益：

❶ 充分活動身體，使大腦血液循環良好。

❷ 從事整理桌面等簡單工作，引起第一次「勞動興奮」。

❸ 複習昨天學的內容，使大腦清醒度逐漸攀上高峰。

至於此階段要分配多少時間，應視整體學習時間而定；大腦清醒度的上升快慢也會因人而異，無法一概而論。就原則來說，**由於學習內容較為單調、缺乏變化，因此「尖峰前」的學習時間不宜過長**。在個人不會感到厭煩與疲累的範圍內，不妨設定十五分鐘或三十分鐘，相信能有不錯的效果。

階段 2 【尖峰中】明確訂定「達成目標」

配合大腦清醒度，處於尖峰狀態的學習，應利用大腦的「高效率運作」**學習新**

內容，或練習具挑戰性的應用問題。有人為了讓大腦產生緊張感，會在學習時模擬「臨場考試的狀態」，但這和接觸新的學習內容並不完全相同。

建議使用較極端的想法來自律。若抱持「不論花多久時間都沒關係」的心態，會無法完全集中心力；此外，如果毫無規劃，覺得「讀哪個部分都好」以致三心二意，同樣無法聚焦學習。因此，若能明確訂定「現在開始一小時內，把這個單元唸完」的目標，絕對比沒訂定目標，更能交出漂亮的成績單。

階段3 【尖峰後】複習、複習、再複習

最後，尖峰後的學習時間，應該做的是「複習今日所學」。

當全神貫注於特定焦點上，容易落入見樹不見林的陷阱，因此學習最後應該安排充足的時間、抱持寬裕的心情，重新審視整體內容。**將文章從頭至尾重新讀一次、留心畫線註記的部分、審視整體內容並看看自己的筆記等**，都是不錯的做法，對於已經解答過的題目，也可嘗試重新解題。

由於此時大腦的清醒度已逐漸走下坡，因此不必斤斤計較學習的時間；依照原訂的整體學習時間作為限制即可。

▼「控制大腦清醒度」是學習的最高原則

各位不必太過拘泥於「三階段學習法」。有人希望同時規劃多科學習，每科唸十五分鐘；也有人習慣將新學習結束後，再全面複習。可依自身學習情形及範圍，進行適當的安排。

只要記得一項原則就好：**「依照大腦清醒度的時段，選擇不同的學習方式，並善加運用。」**特別是學習速度較慢的人，對你來說，這是必勝關鍵！

讓大腦「休息」，你會更有靈感

在集中精神唸書後，大腦需要「休息時間」。前面提到「一天裡，大腦清醒度尖峰狀態只有二～三次」，更精準的說法是——**大腦必須在「充分休息後」，才有可能創造二～三次的清醒度尖峰狀態。**

▼「別撐了，休息吧！」讓大腦趁機重整資訊

讓大腦休息的目的不是消除疲勞，而是藉著休息「讓大腦進行資訊整合」。進入大腦中的情報資料，並不是靠自主意識就能整合的。當人體處於休息、睡眠時，正是大腦整理資料的主要時間。由於大腦需進行資料重整的範圍過大，在作業期間，必須停下輸入新資訊和思考等一切行為，**因此越是用功苦讀的人，越不可忽視**

休息的重要性。

好比讀完一本艱深困難的專業書籍，儘管信心滿滿，對內容有十足的把握，但被問到「這本書第一章在講什麼？」，短時間內仍無法以三言兩語交代清楚。腦中想著這個好像很重要、那個好像不可少、緊接在章節標題後的內容似乎不容忽略等，但卻無法妥善地組織管理這些訊息，這就是**「資訊未經大腦整合」**的緣故。

▼擺脫個人主觀思考，才能彙整出「核心重點」

剛輸入大腦不久的情報資訊，容易受非理性的主觀評價影響，將不重要的部分誤判有高重要性。當大腦持續接收新情報、不斷進行有意識的思考，就無暇整頓腦內記憶，很可能因過於注重枝微末節的情報，導致理解錯誤。

不過，**只要暫時闔起手上的書、停止思考，將注意力轉移至其他事物，便可使大腦獲得喘息，去除情感上的誤判**，並恍然大悟「仔細想想，其實剛才一直拘泥的部分好像沒那麼重要」，同時把不重要的情報逐漸淡忘，只留下真正重要的部分，這就是大腦**「自動進行情報篩選」**的機制。

此刻留存腦中的，絕非個人「認為」的重要情報，而是書中反覆強調的中心主旨與觀念，或是作者特別重視的內容。請留意，在閱讀書籍的當下，思考與判斷容易受個人情感影響，而忽略真正關鍵的核心。

▼「靈光乍現」代表大腦已完成「資訊整合」

我讀醫學院時，有位教授曾說「眼睛之於大腦記憶，就像是個粗網目的篩網」，我個人非常喜歡這個說法，**「因為有眼睛這個粗網目的篩子，隨著時間流逝，才能篩選出真正重要的資訊，使大腦牢記」**。

因此，大腦需要休息，暫時不需要眼睛持續地撈選資訊。在休息期間，大腦除了忙於資料篩選，也設法在未經組織的資訊中，進行情報配對。新接收的資訊可能與先前儲存於腦中的資訊產生關聯，大腦得結合相關的資訊，使其集中。當我們悠閒散步時、或在睡前不經意地靈光乍現，即是大腦藉機完成資訊整合的緣故。

▼憑意識「認識⬇解釋⬇歸納⬇整合」

讓大腦休息以重整資訊固然重要，但個人自主性地進行資訊整合，也是非常重要的工作。將資訊輸入大腦，確實地認識並合理解釋輸入資訊之目的、思考以何種方式進行整合，這些都需要用個人意識自主進行。

換言之，**「認識、解釋資訊」＋「歸納、整合方向」，都必須在個人有意識的狀態下進行。**不過，上述工作若不間斷地持續進行，大腦就無法進行資料整理。因此千萬不能忽略讓大腦適度休息的重要性。

▼讓大腦休息、消除疲憊感，你可以做的事

「讓大腦休息」，並非意味不可從事任何活動。相反地，進行與學習無關的活動，反而可爭取更多讓大腦休息的時間。

運動或**藝術欣賞**都是能使大腦充分休息的優質活動，不僅可運用大腦思考以外

的其他能力，還可藉機減輕負面情緒，療癒身心。與朋友**出遊**、從事個人**感興趣的活動**更不在話下，絕對可令人心情愉悅。

簡單的**工作**與**家事**也是選擇之一，但是太繁瑣的家事、過於棘手的工作，都無法消除大腦疲勞，請盡量挑選習以為常、有固定模式可循的家事或工作。

▼適度調配不同模式，幫助大腦活化

此外，**當你對「不停書寫」感到疲乏之時，不妨改成以「計算」為主的學習；當你對「計算」感到不耐煩時，就改為「朗讀文章」**。像這樣一面改變大腦的使用方式一面學習，能幫大腦回復最佳狀態，有效延續大腦清醒的時間。

學習時間告一段落後，請從事與學習「完全無關」的活動，讓大腦藉機休息。所有接收資訊、需要用意識思考的行為也請暫停，讓大腦可以進行資料重整。活動與休息、緊張與放鬆的適度調配，實為成功學習不可或缺的關鍵。唯有如此，才能對應大腦的變化，有效維持大腦的活化度。

唸完這一課，就去看電影！

▼自我約束≠禁欲，欲望是最有效的動力

進行有目標的學習時，「自我約束」非常重要。理性思考時間管裡，並依計畫行動，審視時間規劃與個人行為能否長久持續，這些將會左右學習成效，對記憶有舉足輕重的影響力。

自我約束並不代表「禁欲」。**否定心中自然萌生的各種欲望，甚至強行壓抑，可能對學習造成負面影響。**當欲望薄弱時，大腦的清醒度也不易提升。

由大腦發出的欲望，是將想法付諸行動的原動力，驅動力量不容小覷。舉例來說，假設你心中有部非看不可的電影，但出門往返電影院要花三小時。你認為浪費

3小時車程實在太可惜了，所以放棄看電影的念頭留在家裡唸書。可以想見，這段時間的唸書效率一定差強人意。

假使距離考試還有數月之久，而這段期間都要求自己「不能看電影、不可以逛街、不能做自己想做的事」，即使累積大量學習時間，但讀書效率反而會一落千丈。

▼警告自己「五點之後沒時間唸書了！」

訂定學習的時間限制時，假設有三個小時，以一小時為單位分為三部分，每段時間該如何運用，依個人意志決定即可；**若不斷想著大範圍「總共有三小時，好久喔」，必然會削減學習意志，使決心變得薄弱。**

例如，決定「唸書到五點為止」，但心裡明知道五點之後其實沒做其他安排，如此一來，帶給大腦的緊張感與迫切感，勢必大打折扣。因此，**設法創造「5點以後就沒時間唸書了」的心理狀態，才是理想的做法。**

為實現理想狀態，有人將學習時間安排在一大早，以上班、上學的時間點作為限制。這個方法固然可行，但實際執行後，可能會讓人感到苦悶，彷彿除了學習和工作就沒別的事情可做。建議大家挑選可令自己感到期待的事物，進行組合安排。

▼對自己好一點，懂得享受玩樂才是生活之道

安排聚會、與好友相約碰面、預約SPA按摩、上健身房等，有想看的電影或電視節目，就去看吧！試著想想身邊那些工作全能、成績優秀的成功者，他們看起來像是一心一意、完全投入工作或書本的人嗎？不如說，**正因他們是成功者，所以更知道如何好好地玩樂。**

話雖如此，若只為了消耗多餘時間，而去從事無意義的活動，那也徒勞無功，適度安排休息時間，排遣個人欲望，才是最好的做法。

進度「往回推算」，就不會一直被時間追著跑

壓抑個人欲望，造成學習效率節節下降，還有一項最重要的主因，那就是大腦失去了「讚美與獎賞」。前文提及大腦具有「酬償系統」，**當意識到某項行為可換取讚美，便不自覺地重複相同行為。**在反覆行為的過程中，腦神經細胞的網路將隨之強化，而被酬償系統忽視的行為，則無法持續太久。

學習總免不了期盼得到具體報酬，諸如就業機會、升遷加薪等。但在展開學習活動之初，會有一段時間無法獲得任何報酬，也還無法體會「學會某項知識或能力的喜悅」。此時，設法**「給予自己讚美或獎賞」**就變得非常重要了。

▼用讚美或獎賞，提高大腦學習效率

用「逛街購物」獎賞自己並不恰當（會造成無謂浪費），最好理性地利用欲望，把令人期待的行程安排在「學習結束後」。學習時，在情感上「保持平衡」是不容忽視的要點。當負面情緒持續累積，會使人變消極，難有欲望產生。**特別是在學習活動剛起步時，非常容易意志消沉，此時更應積極創造快樂的能量。**

在此建議嚴以律己、奉行禁欲主義的人：「不需要從工作或學習中創造『工作或學習的欲望』，只要有開心的事，自然會努力學習；正因期望快樂的事情發生，才會拚命工作。積極創造正面情緒產生的機會，才是最重要的。」

▼將進度「反向推算」，就能享受工作，用力玩樂

例如晚上九點時想看部電影放鬆一下，**那麼到九點為止的二小時內，就集中精神唸書**；或與朋友相約週末外出旅遊，那就告訴自己，要在週末前把應有進度都唸完，更進一步反過來推算每天的進度。所以「為了盡情享受週末時光，每天要安排

三小時的集中學習時間」。

意識到「學習與報酬的關係」和「情感平衡」，以此為基準，確立個人生活模式才是最理想的學習方式。

「等一下再做」，才是壓力的來源

該如何建立「自我限制」呢？**「個人欲望獲得滿足的次數」是一種考量。**以我個人為例，有電視節目非看不可的那天，我會捨棄其他的樂趣，把閱讀、逛街購物等活動，安排在其他日子進行。當週末有令人興奮的活動時，平日的玩樂就應稍加控制，如此不僅可兼顧情感平衡，也能使大腦獲得獎賞。

▼「欲望的次數」有限制，才會有滿足感

限制滿足欲望的次數還有一個原因，那就是避免降低「獎勵的價值」。舉例而言，**看書五十分鐘後，就休息十分鐘，聽聽喜愛的音樂，請試著想像這種自我獎勵的場景。**此時即便只是聽首歌，也會覺得「聽歌」的獎勵彌足珍貴，對此更為重

視，會全神貫注地側耳傾聽。

試想一下，若不限定聽歌的次數與時間、想聽幾首就聽幾首，反而會無法體會「聽首歌作為獎勵」的價值，儘管放縱自己聽再多歌曲，也不覺得受到鼓勵。當滿足欲望的次數過多時，獎賞的價值將大打折扣，使人陷入「需要得到更多，才會滿足」的惡性循環。相反地，適度限制欲望的滿足次數，才能獲得滿足感。

▼一味逃避壓力，反淪為惰性的俘虜

學習期間應極力避免「惰性」。非出於個人興趣，也不能從中得到滿足，這類行為即稱為「惰性」。詳細情況雖因人而異，但我認為絕大多數人都能察覺自身的惰性，不妨藉專心學習的機會一舉戒除。

一般情況下，**惰性隱含「逃避壓力」的目的**，不願面對艱辛的過程，用虛度光陰來逃避努力，然而當惰性不斷持續，不也變成壓力的來源嗎？

若由於個人怠惰而使睡眠時間減少、影響工作或學習表現，反而會使人更想逃避現實，虛度的時間也隨之增加，此時更容易感受到來自四面八方的壓力，陷入惡性循環。**清楚認知「我這麼做，是不願面對壓力的逃避行為」，並改以其他方式讓大腦放鬆才是明智之舉。**

▼運動有利大腦清醒，提升情感控制力

使大腦放鬆的方法，在心理健康（mental health）的領域已有諸多研究；但就腦科專業醫師的立場而言，最推薦大家「運動」。

運動不僅有助於宣洩情感、鍛鍊大腦運動機能，還能使個人對情感的控制力收放自如；換言之，一旦缺乏運動時間，不僅大腦清醒度難以提升，也容易使人情緒化。平日鮮少運動的人，不妨試試長距離散步或慢跑，也可以騎腳踏車去稍遠的地方，相信只要略增運動時間，即可體會箇中差別。

▼不壓抑欲望，理性思考後善加利用

想要徹底戒除惰性，最有效的方法是**擁有一項「可以放任自己去做的興趣」**。為了那項興趣，無論如何辛苦也能忍耐。然後產生「高興」、「快樂」等正面情緒，消除心中累積的負面情緒。

如果跟隨個人欲望與惰性，不嘗試以理性規劃、控制時間的使用，將使你一事無成。仔細想想，「過度禁欲」不正是上述情況的罪魁禍首嗎？

不壓抑欲望，而在理性思考後善加利用，限制欲望的滿足次數，藉此帶給大腦獎勵以換取滿足（同時留意情感平衡）。若能如此，「時間限制」對學習自然有莫大助益。以此方式作為行事準則，才是持續高效率學習的秘訣。

怎麼樣都「提不起勁唸書」的解決對策

即使活動身體、嘗試喚起勞動興奮，大腦清醒度仍不為所動——讀書總會碰到缺乏動力與幹勁的瓶頸。這是由於自身不覺過度疲勞，或情感平衡嚴重偏向負面情緒，才導致上述問題。

有些人的高度清醒狀態可長時間持續，碰上低潮期落差更明顯。無論如何，**「放下一切暫時休息」並「從事可使情感平衡的活動」，是此時的不二選擇。**

▼做喜歡的事，讓「學習的大腦」休息

原訂四小時的讀書計畫，怎麼也提不起勁專注於書本內容時，不妨改變想法，將四小時視為「讓大腦休息的必要時間」，改做其他感興趣的事：想外出購物，不

妨上街走走；想品嚐美食，就找間餐廳打牙祭；與喜歡的對象約會、和三五好友談天說地，這些活動保證會令你心情愉悅。

或許有人會納悶，從事上述活動不會讓大腦感到疲勞嗎？或許會，但至少可使「學習的大腦」獲得休息。這在提不起勁唸書時，是格外重要的事。安排學習計畫時，不妨將此類狀況預先納入考量。

▼放下書本，積極從事學習以外的活動

「積極地停止學習」這個想法在此時有驚人的效用。提不起勁時，心中仍焦急地想著「不唸書不行」，情感上的反彈反而會變成心理壓力的來源。因此，**首先要讓個人想法貼近並配合內心的真實情感，積極從事「學習以外的活動」。**

如此一來，可消退反抗情緒、減少壓力產生；大腦因快樂心情放鬆後，不消一會兒的時間，就會再次燃起學習鬥志。

▼真的束手無策時，先讓「大腦放空」

怎樣都激不起唸書的心情時，不如做些事情幫助明天的自己。「今天的自己雖無法在工作或學習上有長足的進步，不過明天可能會重新燃起鬥志，所以，至少做些可以成為明日助力的事。」基於這個想法，可以動手整理資料，把題目拿出來瀏覽，解出十則問題中的一則也好。

總而言之，**先做些「提不起勁也能做的事」**，**稍微減少心理負擔。**即使只是這樣，都能讓明日的自己重新出發，再次投入工作或學習。

不必斤斤計較每天是否都付出同等的努力，你的眼中不能只有今天的自己，也應該要看見明天、後天，甚至未來的自己。唯有如此，才能走出低潮，讓學習持之以恆。

擺脫「三分鐘熱度」的學習宿命！

大腦高清醒度狀態的持續時間因人而異，即使同一個人，因身體狀況或其他因素，而產生差異也是正常現象。若是年輕力壯的年輕人，受惠於體力優勢，除了學習狀況良好，大腦亦能長時間保持清醒；此時就應妥善運用，在學習上乘勝追擊。

▼學習的時間延長，休息就要延長

不過，請別存有「每天都能保持最佳狀態」的想法。**大腦依睡眠與覺醒平衡而運作，長時間處於清醒狀態後，必定有休息與睡眠的需求。**例如讀書一整天，隔日可能疲勞不已，整天無法集中心力學習；或是每天數小時的高清醒度狀態可以保持數日之久，接著卻突然陷入嚴重低潮。上述的循環模式其實相當正常且普遍，但最好**盡量避免「大起大落」的極端模式**。

有計畫地將大腦清醒的尖峰狀態運用在學習時，原則上應以二至三小時為限；然而，碰上出乎意料可長時間持續清醒時，將其視為偶然的幸運，善加利用也無妨。但請注意：延長學習時間後，大腦的休息時間也必須隨之增加。

▼提升「學習集中力」的五大關鍵

關於集中力，我認為可以區分兩個主要問題。

第一是「清醒度」的狀態。當大腦處在近似睡眠的情況下，自然無法聚精會神，其因應對策在第一章已有詳細說明。

第二是「清醒度高，卻無法專注於學習」的狀態。

翻開題庫，不分難易地迅速解題；文章唸過後，每字每句輕而易舉進入腦海，儘管如此，讀沒多久，就開始想著其他活動。這類情況的問題點，多半可歸納為「集中與分散的切換」。關於這個問題，只要利用簡單的實驗，就能體會箇中真意。

關鍵 1

從視覺和聽覺實驗，找出能讓自己專心的環境

請在關燈的房間裡（或令你感到安心的場所），在一片漆黑中戴上耳機，聽英語教材。此時，想必能比平常更集中精神聆聽每個字句。由於沒有其他需要輸入大腦的資訊情報（而且處在安心的空間，不需注意環境變動），因此可將所有心思都放在唯一的外在資訊上——這就是不易引起注意力分散的環境。

接著是關於視覺集中與擴散的實驗。

請將目光集中在室內或室外的某項事物上（例如房間中的綠葉植物、外頭停放的車輛），並仔細觀察這株植物有幾枚葉子、葉子個別呈現什麼形狀等。問問自己：在進行觀察時，能否看到整體景象？想必答案是否定的。**當設法將注意力轉向整體時，意味著注意力會被迫從集中於單一事物上移開。**

關鍵 2

練習巧妙切換「集中」與「擴散」

由此可見，大腦具有以下兩大特性：

❶ **注意事物的方式分為「集中」與「擴散」兩類。**

❷ **「集中」與「擴散」無法同時並行。**

儘管看似沒有任何特別之處，但知道這兩個特性後可以發現，能真正活用大腦機能，卻缺乏注意力的人，多半不善於掌握「集中」與「擴散」的切換。在前述實驗中，注意力的親身感受僅限於視覺和聽覺，但集中與擴散的切換，其實可視為大腦整體的使用方式。

舉例來說，當注意力鎖定在「今天非做不可的事情」或「今天想做的事情」這個整體上，就無暇留意個別的單一事物。因此，**應以擴散角度先審視今天的整體計畫，再將注意力縮小集中至某項單獨事物**，等該項工作完成後，再次擴散注意力至整體計畫。以這種方式進行兩類注意力的巧妙切換。

關鍵 3

工作或學習前先「整理桌面」，較不易分心

切換注意力說來簡單，想確實執行並不容易。人是情感動物，當注意力集中於某項事物時，可能不經意產生「另一件事好像今天不處理不行」的焦慮，或萌生「暫時放鬆一下，等會兒再繼續做也沒關係」的念頭。在產生類似想法的瞬間，注意力已經悄悄從集中切換為擴散了。萬一事情發展至此也無可奈何，只要設法再回到集中狀態即可。

然而不善於切換的人，往往無法長時間集中注意單一事物，很容易再次擴散或被其他事物分散注意力。有此煩惱的人，多半**「缺乏勤奮整理的習慣」**。我建議他們**在工作或學習前，養成整理桌面或隨身包包的習慣。**理由請參考以下說明。

關鍵 4

消除讓「注意力擴散」的各種因素

如果有位出色並照顧部屬的上司，在明確判斷當下該做與不必做的工作後，對你說「現在希望你專心做這項工作」，並在你的桌上留下必要的工作物品，想必能讓你心無旁騖地專注於該項工作。在學習或工作前整理桌面與物品，上司的這個舉動，其實你自己就能辦到。

以擴散的角度審視桌面或隨身包包，僅留下必要物品。**進行這個動作的同時，大腦也會針對「該做的事情」、「想做的事情」進行重要度與優先順序的判斷。**若未進行這個動作，則會增加注意力擴散的機率。

此外，當誘使注意力擴散的視覺性因素消失，也能延長注意力集中的時間，避免不經意看到其他事物而分散注意力。不過，有其他重要事情的話，應該先決定好這類東西的擺放處，留意「在學習時間裡不會看到」就好。

關鍵 5

與其心中一直牽掛某件事，不如先處理吧！

許多令人掛心、放不下的事物，可能只需短短的五分鐘就能解決。例如需要回覆的郵件，因現在是學習時間而被擱置，等學習完畢後再處理。能確實遵守自我要求當然最好，但難免會遇上「怎麼也無法暫時忘卻」的時候，此時，不妨先放下學習，用簡短的時間快速完成。**與其在學習時牽掛其他事情，不如先處理完換取效率良好的學習成果。**

因此，為了能讓大腦順暢、巧妙地切換集中與擴散思考，就要避免在此期間增加新事物或新元素。不論是學習前的桌面整理工作，或是五分鐘可以解決的瑣碎工作，請將它們視為引起「勞動興奮」的要素加以消化吸收。同時，若能認知「這是能讓我更集中精神學習、專心工作的前置作業」，效果會更好。

第 2 章

養精蓄銳，才能創造下一次高峰

讓大腦「一夜好眠」，工作學習更順利！

生活紊亂，大腦也會跟著亂

▼千金難買好睡眠，「失眠」是學習沒效率的主因

第一章已詳細解說提升大腦清醒度的方法，接著就讓我們簡單認識「降低清醒度→使大腦進入睡眠」的方法。

為了有效活用大腦，維持規律的生活作息是基本要求。如果持續不定時就寢與起床的生活，將造成大腦活動不穩定，大腦對何時該清醒、何時該休息，完全摸不著頭緒。這樣即使學會如何提升大腦清醒度，也不會有明顯的成效出現。

根據我的診療經驗，因學習導致無法入睡的失眠患者為數眾多。因此，**學會「降低大腦清醒度」的方法，是改善學習效果的主要對策。**

▼深部體溫上升，大腦就會產生睡意

想順利入睡的關鍵在於「使體溫上升」。此處所謂的體溫，並非指皮膚表面的「表層體溫」，而是指臟腑深處的「深部體溫」。

人類身為恆溫動物，體內的溫度基本上維持穩定，具有「恆定性」。**當深部體溫上升，身體為保持恆定性，便設法降低深部體溫，此時大腦與身體的活動力會跟著下降，於是產生睡意。**若想在晚上順利入睡，只要採用以下任一方式，即能輕鬆提升深部體溫：

❶悠閒享受「沐浴時間」。

❷從事可以「讓身體暖和」的運動。

舉例而言，在預定就寢前一小時洗澡，不僅有助於消除身體疲勞，還可為大腦做好「進入睡眠」的準備。

至於「讓身體暖和的運動」，雖然運動強度會因人而異，但對一般人而言，伸展運動及簡單的肌力運動即綽綽有餘。體力比較好的人，不妨選擇晚上外出慢跑或上健身房，還兼具鍛鍊肌肉（儲備能量）的功效。**不過激烈運動會刺激交感神經使人興奮，因此任何運動最好都在睡前一～二小時之前結束。**

▼睡前看書，視力反而會變差

微暗的燈光可幫助大腦進入睡眠。想萌生睡意，必須產生一種腦內荷爾蒙「褪黑激素」，而視覺接收到的光線轉弱，正是促使褪黑激素開始分泌的關鍵。

我發現失眠的患者多數在睡前仍使用電腦，才會難以入睡。就大腦的角度而言，視覺持續接收明亮光線，所以無法判斷當下是否為就寢時間，自然不曉得該不該分泌褪黑激素。

準備就寢時，應盡量避免光源直接刺激雙眼。有些人睡前習慣在床上看書（會讓視力變差，不推薦這麼做），**建議將使用白光燈泡的檯燈，擺放在光線不會直接進入眼睛的位置。**

▼適度日曬，可促進大腦分泌「血清素」

想促進褪黑激素分泌，另一種由大腦分泌的「血清素」也不可或缺。不同於褪黑激素，「強光」是促進血清素分泌的必要條件。

如同植物進行光合作用，分泌血清素是大腦受到強光刺激的本能反應。一般燈光的光線強度太微弱，在不依靠任何特殊裝置的情況下，只有日光的光線強度符合標準。

因此，**白天多做日光浴，可讓夜晚容易入眠**。現代人接觸陽光的機會比從前減少許多。必要時可特別安排戶外活動，尤其是在日照時間較少的冬季，養成有益健康的好習慣。

▼從事富「節奏感」的運動，有助睡眠

「富節奏感的運動」也能促使血清素生成。配合音樂節奏活動身體效果極佳，散步、慢跑等運動，也不失為好選擇。常失眠的人，若能培養在陽光下運動的習慣，絕對可顯著改善睡眠。

「血清素」不僅是褪黑激素正常分泌的必要條件，本身也是能穩定情緒的神經傳導物質，對工作和學習都有正面的影響。

睡前有唸書習慣的人，請注意兩件事

不推薦各位「在睡前進行學習」。學習環境除了需要足夠的光線，向大腦輸入情報資訊也應在適當的清醒度下進行。**即使睡前只花一點點的時間唸語言、看書學習，也可能阻礙入睡，影響睡眠品質。**因為平日生活忙碌，很多人都想把握短暫時間，從事有益學習的行為，這時不妨做到以下兩點：

1 確認「今日收穫」——肯定今天的表現，給予大腦獎勵

雖說是確認「今日收穫」，但並不是真的要逐一複習今日所學（這樣可能就睡不著了），而是將今日的學習教材、筆記本放在枕邊：

「今天把這裡到那裡都唸完了。」

「這個月開始寫的第二本筆記已經寫這麼多了。」

只要確認當天的學習進度就夠了。此時可針對學習中特別重要的一～三處內容再次提醒，例如「這裡是這個意思，要好好記清楚」。

利用睡前時間確認「今日收穫」，並非進行複習；確認自己今天獲得哪些報酬，才是主要目的。此時千萬別吝於給自己正面評價，如此才能使這項看似簡單的動作意義非凡。

舉例來說，即使學習進度不如預期、毫無進展，也請藉機肯定自己今天的努力與進步，以「大腦偶爾也需要像今天這樣子，好好地休息」自我勉勵。總之，白天大腦清醒時，必須適度地自我要求、不偷懶，睡前則以「正面評價」給大腦獎勵。

2 確認「明日安排」——粗略瞭解明日行程，即能安然入睡

明天幾點要去哪、與誰碰面、幾點時有多少空檔、大概可唸多少書、預計要唸哪部分的內容。看著記事本上的個人行程，「粗略瞭解」上述情形後，抱著「明天

也要好好加油」的心情入睡。這個小動作，可讓翌日的新生活順利展開。

即使有令人在意或擔心的事，除非事態緊急，否則請不要急著當下立刻解決。人的情緒在就寢前容易強烈起伏，且不易自我克制，實在不適合解決問題。**睡前勉強自己思考解決之道，往往只會自尋煩惱、徒勞無功。**

等充分休息過，起床享用營養均衡的早餐，然後略微活動身體使大腦清醒，此時再來思考因應對策，才能事半功倍。睡前心生煩惱時，請告訴自己：「別想太多，好好睡覺才是最佳解決之道」。

▼重視生存意義的人，才能善用大腦

歸結第一章與第二章的內容，不論眼前有多麼重要的學習，人還是不能脫離社會生活，畢竟，人是無法離群索居的動物。**必須時時留意充足睡眠與均衡飲食、作息規律，重視家人與朋友間的人際關係。**

如此一來，突顯學習時「情感平衡」與「時間限制」的重要性，有助於提升大腦清醒度，能更快燃起鬥志並下定決心。

大腦存在的主要目的是「生存」，但日常生活中我們經常忽視這個目的。倘若未能認清「生存」這個主要目的，甚至輕視與其相關的重要因素，自然無法善用大腦、發揮其應有的效能。

每天小睡十五分鐘，有助思緒清晰

▼為什麼白天總是「哈欠連連」？

「睡眠」對大腦與身體健康十分重要。睡眠不足時，即使是白天也會哈欠連連，清醒度遲遲無法提升，這是大腦發出「睡眠需求」的訊號，此時不妨午睡片刻，稍作休息。

不過請特別注意，並非隨時感到睏意就可以小睡一下。根據身體運作的原理，進食後，會因清醒度降低而感到睡意，主要原因有二：

❶身體為進行消化，使血液集中於胃部。

❷基礎代謝暫時提高，促成深部體溫上升。

從事單調的工作時，容易使大腦萌生睡意，若任憑睡意擺布，動不動就跑去小睡一會兒，不僅可利用的時間變少了，也可能導致夜晚無法入睡，陷入慢性睡眠不足的痛苦深淵。

想驅趕睡意，可在進食後起身活動身體，保持大腦血液循環暢通，接著再嘗試喚起「勞動興奮」。**完成單調無趣的工作後，應從事完全不同性質的其他活動，使大腦為因應變化而清醒。**這麼做之後還是很想睡，或因睡眠不足而疲累時，小睡片刻也沒關係。

▼小睡十五分鐘剛剛好，別進入深層睡眠

關於午睡時間的長短，很難找出有科學根據的具體數字。**「小睡十五分鐘」其實是不錯的選擇。因為十五分鐘尚不足以進入深層睡眠。**

睡眠以三小時為循環週期（以三小時為倍數），當進入熟睡狀態，未達三小時就無法輕易起床。假設原先預定睡三十分鐘，若超過時間還繼續睡，進入深層睡眠

後，下次醒來的時間就是三小時後了。

當大腦進入睡眠狀態，即關上高層機能的使用開關；雖然十五分鐘看似短暫，卻足以讓負責工作或學習的疲勞部位獲得充分休息。你是否曾在課堂上打瞌睡？不過瞇個十五分鐘，效果卻像熟睡許久，醒來後神清氣爽，頭腦清晰。這段期間身體並未跟著大腦進入睡眠狀態，因此清醒後仍可馬上進行活動。

▼久睡醒來體溫低，運動機能恢復慢

如果睡眠時間過長，使體溫下降，醒來時由於受大腦掌管的運動機能尚未完全甦醒，所以身體無法立即隨心所欲地活動。因此許多人早上總要翻來覆去賴床一會兒才能起床，這段賴床的時間，其實也將近十五分鐘，相當於午睡的功效。

從時間管理的觀點來看，十五分鐘的午睡非常恰當。設定時間限制的單位最好能使人警覺「時間與量」的關係。**限制時間若設為一小時，稍嫌過長，對能完成多少工作和學習，都不易確實掌握**；即使縮短為三十分鐘，也還是過長。

▼把一小時當成「四個十五分鐘」規劃

最能清楚掌握「時間與量的相互關係」的單位為十五分鐘，普通人對自己在十五分鐘內能進行多少工作或學習都了然於心。如果擁有一小時的時間，不如將它視為「四個十五分鐘」，方便自己判斷能完成多少進度。想以高效率完成每日工作或學習，就應捨棄以一小時的普遍單位，改用較短的時間單位考量。

十五分鐘相當於四分之一小時，看時鐘或手錶時，視覺上容易掌握。我自己抵擋不住睡意時，也會小睡十五分鐘稍事休息，「僅使用一個單位」，就可以不用感到提心吊膽或怕浪費時間。

如果真覺得疲累不堪，想藉由午睡讓大腦休息一下，最適當的流程應該是：

❶ **閉上雙眼，暫停輸入源源不絕的情報資訊，讓大腦休息15分鐘。**

❷ **再利用十五分鐘，以簡單工作喚起勞動興奮，提升清醒度。**

❸ **正式進入工作或學習。**

但午睡終究是午睡，請勿耗費過長時間，以免影響真正重要的工作或學習。

深夜大腦「很感性」，不利學習

有人主張夜深人靜時，較能專心學習。會這麼認為多半是因為深夜令人分心的外在因素大幅減少。若回到問題本身進行討論，究竟深夜時段的學習效率如何呢？其實，**深夜的學習「效率不佳」，而且會使大腦更快感到疲勞。**

▼習慣唸書唸到凌晨的人，情緒管理較差

依照一般上班族或學生的生活作息（從早到晚約10小時的活動時間），每天合計可以有4小時的讀書時間；若與在深夜時段唸書4小時的人相比，何者比較容易感到疲倦？假設兩者的睡眠時間相同，一定是深夜唸書的人比較容易感到疲勞；更精確地說法是，深夜唸書的人「反而容易累積疲勞」。

從深夜持續唸書到凌晨才睡覺，白天的活動時間相對減少，如此會造成血清素分泌不足。**血清素分泌減少，不僅使人夜晚不易入睡，也會讓情緒無法安定。**面對起伏較大的情緒，大腦必須耗費額外的能量壓制，所以會更快感到疲憊。

▼夜貓子，「成長荷爾蒙」分泌也會受影響

熬夜唸書對成長荷爾蒙也會造成影響。成長荷爾蒙是幫助大腦與身體成長、修復的體內荷爾蒙，分泌時間集中在深夜十二點至凌晨三點，此時段最好處於睡眠狀態；即使睡不著，至少應讓身體和大腦休息。

如果違反生理時鐘，硬要在深夜十二點至凌晨三點提升大腦清醒度，進行學習，將造成疲勞難以消除，即使睡眠長度與一般人無異，也會疲憊不堪。所以常在深夜活動的夜貓子，幾乎都有「睡眠時間較長」的共通點。睡眠時間長，就會減少可運用的時間，不能有效活用一天二十四小時。

▼晚上活動量，應為白天的七至八成

覺得自己「半夜頭腦比較清醒」的人，其實只是錯覺。比起白天著重思考和理性的大腦，深夜的大腦更側重感性，**容易產生跳躍性思考，誤以為自己思緒清晰。**這種狀態最不適合工作或學習，因為此時大腦無法妥善地自我控制。

例如深夜十二點開始學習，到凌晨二點才告一段落，收拾一下凌晨三點就寢，睡六小時後，上午九點起床。假如修正生活模式，**改為深夜十二點就寢，早上六點起床，用一小時的時間吃早餐、活動身體，從七點唸書至九點**，這樣一來，無論身體狀況或讀書效率，都會有長足的進步。

工作情況亦同理可證。若無法完全排除在晚上活動，請留意不要消耗過多能量。整體而言，晚上活動量應為白天的七至八成，這樣才能讓消除疲勞的速度，接近平常白天活動的狀態。此外，如果活動必須集中在晚上進行，白天也請記得要多做日光浴，補充能量。

第 3 章

善用「重點筆記」與「零壓力閱讀法」

建構「舉一反三」的記憶力！

學會「整理歸納」，才能快速記憶

就讀醫學院時，同學都說我是「歸納整理達人」。學習可細分為許多類型：有人擅長研讀分析論文，有人專攻解題，大家各有強項。而我唯獨對**「整理、歸納」**特別有自信。

▼製作重點筆記，請用「自己的話」做記錄

醫學院每學期的考試科目都超過二十科，幾乎有長達一個月每天都在考試。我在考試開始的一個月前，就會向同學宣布「我要開始唸書準備考試了」，積極自律管理生活，全心全意準備所有科目的**「重點筆記」**。

本章要跟各位讀者介紹，如何製作高效率學習的「重點筆記」。對大腦來說，

「書寫等於輸出」，我還會詳細解說「整理、歸納」的意義；此外「適合大腦特性的筆記與讀書方法」，也是不容忽略的重點。

製作「重點筆記」最重要的關鍵在於「一定要用自己的想法，進行整合」。不是將老師講課或教科書內容照本宣科完全寫下，而是經過個人思考後，轉換為自己清楚易懂的文字。以自己的話進行歸納時，請注意以下3個重點：

重點1 藉由「寫出來」，確實讀取學習內容

人很容易認為自己「已完全讀取」看到、聽到的資訊，事實並不盡然。我們經常在眾多情報中迷失，所以之後碰到相同情報時，即使明知「看過、聽過」，卻無法從記憶中搜尋到相符的內容。

這是因為**對大腦而言，「輸入情報」不等於「認知」**。例如專心聆聽他人說話的錄音檔，再試著寫下內容，與完整內容對照後，一定會出現幾句錄音檔裡沒出現的話。

▼被「認知忽略」的情報，無法變成記憶

雖然聽覺捕捉到聲音資訊，但可能因集中力不足，或是將錄音內容以自我想法詮釋，沒有針對詳細內容建立認知，因而使其偏離原意。未經認知的情報無法留存於記憶中，「健忘」就是這樣形成。

「已輸入的情報，沒有被正確認知」，這個現象稱為「認知忽略」。即使聚精會神地觀看、豎耳傾聽，也會發生「認知忽略」；當大腦清醒度低而無法集中精神時，被認知忽略的情報更是不計其數，因為大腦在同一時間可處理的資訊量有限。

▼「想要認知」是不夠的，必須「確實認知」

在此建議容易健忘的人：**為避免發生「認知忽略」，大腦必須有「輸出」的動作，最簡單的方式就是書寫或說話。**

單用眼睛看、用耳朵聽，只能說是「想要認知」；然而真正要寫成文字、說

出口時，就必須「確實認知」才行。同樣的道理也適用於學習，只有唸過、聽過是「想要記下」而已，一定要養成習慣，手寫或口述「輸出」自己認為真正重要、非記不可的情報。

▼「手寫和口述」效果驚人，可強化記憶力

「輸出」的動作還具有兩項附加效果：

❶輸出等同「再次輸入」，可再次強化腦中記憶。

❷提高對重要資訊情報的「注意力」。

動手寫筆記，會讓內容經「眼睛」再次輸入；出聲朗讀時，會經由「耳朵」再次輸入。如此一來一往，再加上首次輸入，使輸入次數達三次之多。**雖然輸入的動作很單純，但輸出的動作卻有「輸出＋再輸入」的雙重效果。**反覆輸入、輸出，配合使用大腦的視覺、聽覺與運動功能，無形中也強化了腦中記憶。

舉例來說，如果在街上散步，突然被問到「有什麼特別顯眼的建築物」時，能

確實回答的人少之又少。不過，如果「散步前」就知道這個問題，散步時勢必會特別注意周遭建築物，減少「認知忽略」。學習也是如此，**先想著之後要整理「重點筆記」，聽教授講課、讀教科書、抄筆記時都會格外專心，集中注意力記下重點。**

重點2 情報無法「引起共鳴」，只會一知半解

將教科書或老師講課內容一字不漏抄寫下來，僅是做到「基本認知」；但是想以自己的想法進行歸納時，就要自己嘗試說明與解釋。

例如醫學教科書往往一句話就含有數個專有名詞，教授在課堂上能講解的相當有限。學生得查詢專有名詞後，才能對內容有進一步瞭解。否則光想著「這部分在講些什麼？」內心不會產生任何感想或共鳴。如果一味死背、順利通過考試，日後對行醫也沒有實際幫助。因為**沒有引起任何共鳴的情報、不經思考的資訊，很容易隨時間而淡忘，無法成為長期記憶。**如果只是機械式地寫下自己無法理解的筆記，不但勞心勞力，也沒有任何增強記憶的效果。

▼從現有認知聯想，有利下次喚醒印象

站在神經學角度看「解釋」這件事，以腦海中勾勒的影像來說，**當大腦試圖獲得新的情報資訊時，就預計要把新資訊納入已建立的「知識體系」中了。**

例如第一次看到「homeostasis」這個單字，並嘗試記下時，字典裡的解釋為「不論環境變化，生物體運作仍保持一定規律」。

即使第一次看到這個單字，但每個人都能將它理解為：「不分寒暑，人的體溫保持在一定範圍內，心臟也持續跳動。儘管跳動頻率可能暫時提高或下降，但仍會迅速回復正常範圍，如果不能順利恢復，則代表健康出現問題，血壓與脈搏也是相同情況。」

大腦在這個基本認知上，記住了「homeostasis」，可以輕鬆理解並記憶。下次看到此單字便能迅速喚起印象。

▼從陌生情報堆，先找出可解釋的要素

無法解釋或未經解釋的資訊情報，多半與現有的知識體系連結薄弱，想讓它進入記憶庫，就必須在短時間內，同時記下眾多相關資訊，若要建立能馬上聯想的記憶，更是困難重重。把新資訊納入現有知識體系的工作，對大腦而言是非常沉重的負擔。

萬一碰到自己無法理解的情報，我最推薦的做法是，試著找出該情報中「可解釋的要素」。這樣雖無法瞭解整體意義，但只要能理解一小部分，就能產生認同，慢慢體會它真正的意思。

由於「可解釋的要素」已存在大腦既有的知識體系中，使人感覺「知道」並「產生共鳴」。不妨先將瞭解的部分依序寫下，再針對不懂的地方查資料，逐步增加「可解釋要素」的數量。

▼好像懂了，卻又一知半解，可用「舉例」幫忙

儘管已瞭解所有「可解釋的要素」，卻還是對整體文意一知半解，這時候最有效的方法是「舉例」。

醫學知識中，所有概念皆以人體為討論範圍，當概念太過複雜時，就會設法列舉病例增進理解，讓人得以想像「原來也可能有這種情況」。大腦進行想像時，就能在無形中與知識體系產生連結。倘若單一病例無法促成想像，也可進一步舉出數個病例。

醫學院教授講課時，常把病例作為輔助教材。若學生還是難以理解，教授就會試著再舉出其他病例佐證，直到大家覺得「原來如此，教授提出的病例較少見，不過這樣說明我就懂了！」**當心領神會、內心認同時，大腦的知識體系便得以擴張。如此一來，新情報順利和大腦的知識體系產生連結，便可加強記憶效果。**

重點 3

為大腦創造「認同感」，愈學習愈有趣

▼無法認同和理解的事物，是大腦的刺

對大腦而言，認同感是一種「快感」。學習若能得到認同，就會出現「主動想要解釋與歸納」的想法。所以，認同感也是一種獎勵的形式，可作為大腦持續學習的報酬。

反之，**「無法認同、難以理解、未經歸納」的事物，將帶給大腦「不愉快」的感受。**當我們學習新事物時，只讓大腦累積不愉快的感覺，將使人對學習心生厭煩。如果學會建立「重點筆記」，不但能進行歸納，還可增強認同感，消除這種負面感受。

這樣寫，過目不忘的「必勝重點筆記法」

接著我將詳細解說如何製作能提高記憶力的「重點筆記」，各位讀者實際執行時，可視個人學習情形略做調整。

步驟1 使用兩本筆記，一本「抄寫」、一本「隨手寫」

學習一個科目，應該準備兩本筆記本，**一本是「抄寫用」筆記，另一本是記錄上課講義、用來歸納整合的「準備筆記」。**

其實後者等於是雜記本，有的頁面寫滿上課抄錄的筆記，有的頁面是思考過程的隨筆，甚至還有雜亂無章的圖表。

▼不求版面工整，不需計較枝微末節

「準備筆記」的書寫方式不必過於講究細節，強調字跡工整與版面格式統一，只會浪費時間。「這段話還沒結束就接後面的內容，感覺不太妥當」、「這些不該寫在這頁吧」……斤斤計較這些枝微末節，反而會限制思考，降低學習效果。

我就讀醫學院不到一年，就捨棄了字跡工整的筆記方式，而改採「流水帳」筆記法：**只要與這個科目相關的內容都寫下來。**

▼留下「索引」和「單元區隔」，方便日後查閱

為了避免筆記連自己也看不懂，寫下的字句至少自己要能辨識。此外，**頁面上應有分類索引**，例如「○月○日上課筆記」、「關於△△之考察研究」等；**不同部分的內容「畫線」區分**，方便日後查看時，能快速分辨自己在哪頁寫了什麼。

上課前「先寫下日期」，專心聆聽講課內容，**著重「記下關鍵字、短句」，不要貪心想寫下更多內容，這樣反而會跟不上講課進度。**

▼記下「感覺重要的」、「有助於回想」的句子

在寫下關鍵字或句子的同時，確實掌握「核心關鍵字」固然重要，但若是首次接觸的內容，有時會無法判斷何者較為重要。

此時可選擇**「感覺重要的」或「有助於日後回想」的字詞或句子。**

例如教授將包覆神經的「髓鞘」比喻為「電線的絕緣體」，髓鞘有異狀時就如同電線漏電，此時就應在筆記上寫下**「髓鞘、漏電」**，之後再看見這兩個關鍵字，自然就能憶起完整範例。

學習時抄寫筆記，首要目的是為了減少「認知忽略」，而簡單、輕微的運動或工作，也具有相同效用。其次，為使大腦維持高效率運作，本應三不五時活動身體，然而在課堂上，學生不得不保持靜止坐姿，容易降低大腦清醒度。此時**藉由抄筆記讓雙手活動，可避免這種情況，還能兼有「勞動興奮」的附加效果。**

步驟 2 為筆記做「索引」，記得「條列式、當天完成」

「準備筆記」第二步：依照筆記所寫，記錄相關的學習內容。一邊檢視筆記內容，同時條列式寫下「這邊講的是○○的內容」、「這裡應與教科書的某部分連結」、「原來有提過這些」等，不必特別在意順序，隨手寫下來即可。這項工作請盡可能在做筆記「當天」完成。

▼遺忘曲線：學習過後九小時，忘掉一半

德國心理學大師赫爾曼・艾賓豪斯曾提出「遺忘曲線」（forgetting curve）理論，主張記憶輸入大腦的初期，遺忘速度最快。

學習後的九小時，記憶程度約剩下一半，因此應該要在數小時內設法再次回想、重現學習內容。**依照筆記內容，「條列式」寫下簡短提示或摘要，能幫助日後快速喚起記憶。**

步驟3 留意「已經懂」的部分，「查詢」新知識

「準備筆記」第三步：針對課程講義或教科書內容進行「解釋」。也就是留意已瞭解的部分、查詢首次接觸的專業用語，逐步擴大可自己詳細解釋的範圍。

如果對內容仍一知半解，可試著尋找淺顯易懂的相關範例，藉著「想像」增進理解。這個看似複雜的思考過程，其實可與抄寫「準備筆記」，或是黏貼有關的影印資料一起進行。

步驟4 以「準備筆記」為基礎，製作「重點筆記」

最後是以「準備筆記」為基礎，建立「重點筆記」。這個部分不用在每次學習後立即開始整理，我習慣在考前一個月，將「準備筆記」打開重新複習，**確認每個地方是否都能用自己的想法重新詮釋「究竟在說些什麼」**，可以用口語說出，或重新寫一次筆記，「再次輸出」更能幫助大腦整合記憶。

▼以「主動想教導他人」作為判斷標準

整理「重點筆記」是需要高度集中力的工作，我會在房裡踱步、活動全身，或是外出散步，藉此增加大腦清醒度。

此外，我會特別注意是否已歸納到「主動想教導他人」的程度。連自己都無法解釋清楚的內容，是很難與他人分享的。**「教導」可以幫助別人，因此獲得正面評價，得到被肯定的快感。為了追求「肯定、認同」，整理筆記時，便會提高歸納整理的精細度**。

當時我曾想像自己已成為醫師，向病患解釋「這個症狀是由於……」，或對朋友說明「這個疾病伴隨的症狀有……」。大約在考前一個月，我會這麼做，讓自己獲得認同感，然後才動手將習得的內容寫到「重點筆記」上。

▼未來只需「簡單複習」，便能快速勾起記憶

向我借筆記的朋友總是絡繹不絕，即使考試在即，借出「重點筆記」對我絲毫不會造成困擾。**因為製作筆記時，所有新知識已經融入我的大腦知識體系**，我只要在各科目考試前一天，簡單複習便能迅速想起內容。醫學院長達一個月的考試日程，只要留意個人的健康管理，相較之下遠比其他人輕鬆、悠閒。

這樣的重點筆記製作方法，略做調整就能廣泛應用在任何科目的學習，讓你唸起書來事半功倍！

「永遠不會忘記」的單字牢記法

▼記憶，是大腦「多工作業」的結果

前述內容告訴我們，想要強化記憶，必須經過以下階段：**確實認知↓確實解釋**。關於「輸出」和「自己總結內容」的重要性，至此已多次反覆強調，而第一章也說過「提升大腦清醒度，將有助提高此能力」。

接下來再介紹一個重要關鍵，那就是「記憶的多面性」。假設你湊巧看到一個英文片語「human relations（人際關係）」，請設法記下這個片語。

❶當「雙眼」看見片語，視覺情報會輸入腦部後側的「枕葉」。

❷當「雙耳」聽見片語，其讀音情報將進入大腦外側的「顳葉」。

大腦構造大圖解

【大腦側面圖】▶

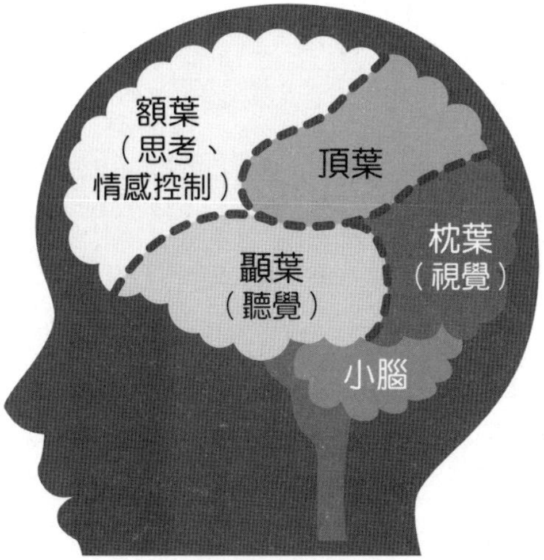

【大腦邊緣系統】▶

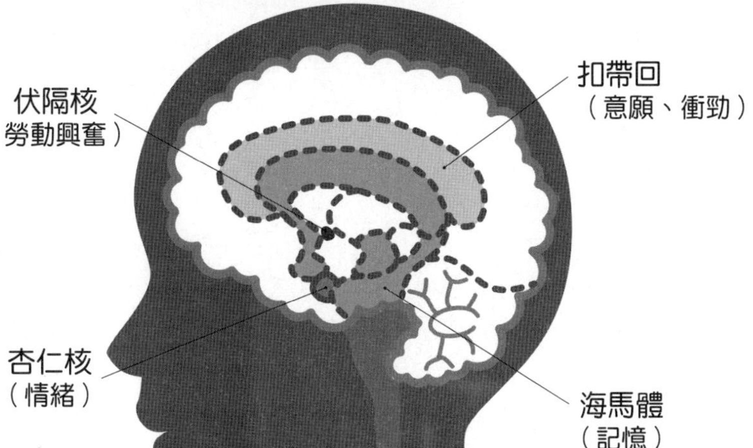

▼多看幾次、多聽幾次，大腦愈容易記住

大腦要進行字義解釋、試圖記憶這個單字時，會與眾多面向息息相關。像是提筆寫「human relations」、張口唸出「human relations」，都需要大腦指揮雙手和嘴巴，並留下記憶。

大腦運用各方面機能，嘗試由不同面向捕捉單一情報，讀取情報的面向愈多，愈能在腦中留下深刻的記憶。**比起只看一眼的情報，「看見」又「聽見」更令人印象深刻，進一步「解釋」情報時，又再次加深記憶。**而「輸出」情報時，需先傳達至大腦的運動機能，藉此強化記憶。雖然不斷重複與反覆是強化記憶的根本方法，若能同時兼顧多面化的原則，學習效果一定會更顯著。

▼讓資訊變成「可靈活運用」的知識

關於多面化，請將焦點放在「輸出」上。經由枕葉輸入大腦的視覺情報、由顳葉獲得的聽覺資訊，以及思考相關的意義解釋等，將這些利用多種方式捕捉的資訊

「整合為一」，才能進行「輸出」。

要將整合後的知識應用在考試和工作上，必須經過「輸出」，而大腦進行資訊輸出時，一定要透過運動機能，因此資訊情報也會作為「運動的記憶」留存。也就是說，**雖然實際做出動作的是手和口，但對手和口發號施令的大腦運動機能也留有相關記憶。**經由輸出過程，資訊情報會變成「整合知識」，並成為「可靈活運用的知識」。

▼讓你「永遠」記住資訊的二個方法

資訊被儲存和整合後，大腦能將其輸出，有二個方法可以永遠記住這些資訊：

1 記住使用的「場合時機」，使資訊融入知識體系

為強化個別記憶，記住「使用資訊的場合時機」是大家應特別留意的關鍵。例如「human relations」多半在什麼情況下使用？記下運用該詞的文章、前後段落與場合，可有效加深記憶，讓資訊確實融入知識體系，不易遺忘。

記憶資訊的「目的」與「必然性」固然重要，但認識該資訊的使用時機，也有助於加深目的與必然性的關聯。

2 「產生疑問」和「恍然領悟」，令印象更加深

「情感」是強化記憶不可或缺的重要因素。例如「喔～原來是這樣啊！」、「這個單字之前老是寫錯。」伴隨情感起伏而被記住的情報資訊，印象一定會更深刻。

▼讓資訊伴隨「情感起伏」輸入大腦，記憶更深刻

想讓資訊伴隨情感被記下來，「疑問」相當重要。「人際關係」在日文中寫作「人間關係」，其中「間」、「關」兩字部首均為「門」，然而「問」、「聞」兩字部首分別是「口」和「耳」。這兩組文字的部首該如何區分呢？我請教過朋友後得知，**「影響讀音較明顯的部分，多半不會是部首」**。

在日文中，「問」和「聞」的發音都是「mon」，由此可推測，「門」不是這兩字的部首；而「間」與「關」無法唸作「mon」，因此推測它們的部首是「門」。

照此說法查找數個漢字部首後，發現都適用此原則。或許在語言學上有更專業的解釋，但探詢後的結果令我產生「喔！原來如此！」的想法，印象自然格外深刻。

▼讀書出現疑惑時，請先做二件事：「思考、查資料」

學習時務必特別重視「情感」。當內心不斷湧現「為什麼？」、「怎會出現這個結果？」等疑惑，許多人用「跟考試沒關係」來搪塞，選擇睜一隻眼閉一隻眼。此時若停下腳步進行思考、查資料，或許能得到意外的收穫，有效強化學習記憶。

察覺「這個問題之前曾答錯過」的時候，請停下來好好看一看。此時該做的不是把錯誤的答案擦掉重寫，而是改用紅筆修正、標記，如此才能確實修正錯誤，增添學習樂趣。

寫不出文案時，「留意關鍵字」即可快速有靈感

▼默唸文章也無法避免「認知忽略」

為了吸收知識而唸書時，請先確立一個觀念：只讀一遍內容，誰都無法完全理解，即使聚精會神，也一定會有許多被「認知忽略」的部分。此外，人集中注意力時，視野會變狹隘，所以默唸文章時，勢必會忽略某些內容。

比起充分認知後進行解釋，人類更傾向自行預測、想像段落發展，並依個人想像逕行解釋。這種自我解讀的習慣，常使人對實際學習內容一知半解。集中精神看書時也是如此，不知不覺將內容掃過一遍，但眼睛只顧追著文字跑而未確實理解，因而遺漏了部分內容。所以**想藉由「默唸」理解書本的內容，根本是不可能的任務。**

▼「抄寫」和「朗讀」，都是輸出的理想方法

想避免「認知忽略」，就必須進行「輸出」。將書本內容一字不漏寫下是最好的方法，未經理解便無法進行抄寫，而且抄寫時，情報資訊會暫時保存在大腦裡，可進一步強化認知。

小時候，許多人都有抄寫課文的經驗，不僅可加強記憶，對確實認識內容也有幫助。然而抄寫文章過於耗時，上班族、學生或考生很難實行。**因此我建議大家以「朗讀」的方式取代，即使只是細小音量也無妨，請確實「出聲」唸過。**無法朗讀所有內容時，至少要唸出「這段絕對要記起來」的部分。

▼默唸➡朗讀➡留意關鍵字，學習效率一百分

工作遍尋不著靈感與創意時，「朗讀」也是最佳解決之道。當你想藉由默唸資料來記憶必要資訊，但不確定大腦是否能接收時，請試著朗讀出聲。

與其努力苦思新點子，不如重新審視問題本身，就能發現癥結點所在，進而著手解決。可惜各行各業，都容易因熟練而輕忽這項基本功。我的建議是：**第一次默唸、第二次朗讀、第三次邊讀邊留意關鍵字**。以此為原則，絕對能獲得高效率的學習效果。

▼以「出現頻率」作為重要字詞的依據

讀書時記得擷取「感覺重要的」＋「有助於日後回想的」單字或句子，寫在頁面空白處，或是圈起來做記號；**真正重要的關鍵字會反覆出現，不妨以「出現頻率」當作評斷字詞重要性的依據。**

接著，以寫下或標記的關鍵字為基礎，試著回想大致的內容，並用自己的想法重新歸納整理。許多人擔任婚禮致辭來賓時，多半只在紙條上寫幾個關鍵字，以此組合成致辭內容，這也是演說時的訣竅。

當無法順利說出關鍵字的相關內容，或未能清楚解釋時，請再重新翻開書本查閱；此時會發現**「連這個關鍵字一起記下的話，應該會有助於記憶」**。然後再次認知、組織，嘗試重新說一遍，理解就會逐漸加深。

試著去「教人」，也是讓大腦記憶的方法

▼從內容萃取重點，想像自己在教導他人

讀書最後階段，請從書本各章內容中，挑選三至五個你認為特別重要的重點，寫下後試著重新解釋一次。請想像自己正在指導他人：「本章共有三個要點，第一點是……」將內容消化吸收後重新輸出。

除了假想自己去指導他人，若能實際執行就更好，與朋友閒聊時也可以說「我最近在唸的書裡寫到……」將所學內容融入談話中。這個做法說來簡單，要落實可能沒那麼容易。在養成「抓出關鍵字，以自己的話重新詮釋內容」的習慣前，需要多加努力。

▼終極目標：讓大腦「自動整理」情報資訊

至此為止的一切工作，都是以「促使大腦自動整理情報資訊」為目標在努力。當你闔上書本，起身活動略做休息時，可能突然想到「那本書的內容不就是要說這些嗎？」或在聽到某段閒談後，自動聯想到「這件事作為那本書的範例，真是再適合不過了！」

大腦對情報展開自動整理後，會在無形中去搜尋大腦缺乏或類似的資訊，使我們留意相關事物。**別以為只進行一次刻意的輸出後，就可將整理工作全權交由大腦處理；**若是複雜艱深的內容，必須多次執行前述步驟才能真正看見成效。

反覆擷取關鍵字、篩選掉多餘資訊，訂定大腦整理工作的方向，此時「能清楚解釋的、還沒充分明白的、無法解釋的內容」就會漸次浮現，讓問題點一目了然。如果你真心想理解書中的知識，將其消化吸收，變成個人的記憶，即使朗讀、解釋耗時費力，也不能怠惰或逃避，這是成功的必經途徑。

能讓你快速回想內容，才叫「畫重點」

「畫重點（標記）」對大腦有兩個重要意義。第一，之後看到，可以快速想起該頁的整體內容。不論是書本或筆記，只用眼睛簡單掃過時，畫上重點的關鍵字句將有助於喚起記憶，至於畫重點的形式，符號或畫線都可以。如果頁面上沒有做任何標記，必須重新閱讀才能想起，標記時不妨以「幫助回想」為目的。

第二，讓大腦意識到這項資訊的重要性。如同本章反覆提及的，與其要使大腦記住，不如使大腦遺忘。當情報資訊被判定為「不重要」時，大腦會自動「認知忽略」，將相關內容從記憶中刪除。

想避免「認知忽略」，必須讓大腦知道該情報的重要性。最佳做法是「提筆書寫」，但比起不做任何動作，「標記」多少有點用處。

▼「先理解、再標記」才能分清楚誰比較重要

大腦會把反覆輸入的情報判定為「重要資料」。標記可使關鍵字句多次經由視覺輸入大腦，記憶因此得到強化。但是，**沒有確實瞭解關鍵字句的意義前，最好不要隨便進行標記。**如果隨意標記，可能使重點過多，反而分不清哪些才是真正重要的資訊。

遇到艱深困難的內容，讀過後還是一知半解，分不清關鍵字句為何，這時應該停下來思考，而非莽撞地加註標記。

畫重點時，可先著重作者強調的重要內容（顯眼顏色或粗體字的部分）。或許有人認為，標記作者已強調的部分沒什麼意義，因為那是作者的個人見解，而非讀者自己的認同；但進行標記時，能將作者強調的內容先行消化吸收，這才是標記的目的。

▼用太多顏色畫重點，反而會分散注意力

讀書第2遍、第3遍時，再試著找出「認為重要的關鍵字句」或「能迅速想起整體內容」的部分進行標記。

有些人充滿自信，**認為可以用多種顏色來區分標記，但我並不建議這麼做，因為大腦必須預設分辨顏色的規則，反而會妨礙集中力。**舉例來說，當你制訂了顏色與重要性的關係後：

「這裡該用藍色或黃色？」

「剛才那裡畫了綠色，不過好像用黃色比較好！」

此類的多餘想法只會分散學習注意力。若決定以不同顏色區分重點，頂多2至3色就好。我個人習慣只以「紅筆畫底線」來畫重點。

千萬不能藉由畫重點標示「預計要學習的部分」。就像把好用的網站加到我的最愛，認為自己日後可以從中獲得情報。事實上，隔了一段時間後，自己連存了那

些網站都忘得一乾二淨。

請勿落入這種「自我滿足」的學習，「貼便條紙」也是相同的道理。**只應針對「反覆研讀思考後，認為重要的內容」畫重點**，在此之前，除了「作者強調的部分」外，不應進行任何標記。

考試不再匆忙答題的「速讀學習法」

本章著重牢記課程及書本內容的學習方法，然而依個人需求不同，有時並不要求熟記，而是想要「快速閱讀」，在短時間內理解書本或資料內容。大家通常處在以下兩種情況時會需要「速讀」：

A狀況——閱讀對內容已「大致熟悉」的書或資料時。

B狀況——想瞭解書本和資料的「立場與主張」時。

▼A狀況解決方案：找尋「不諧調感」，減少細讀部分

針對A情況，我會設法找出「閱讀的不諧調感」。以閱讀有關大腦健康的新聞為例，多數內容我已瞭若指掌，因此不必將新聞完整看過；另外，我會依循以下3

個步驟「找尋不諧調感」：

❶**瀏覽標題與開頭段落、常見名詞、關鍵字句**——當內容與本身擁有的知識體系一致，且無明顯衝突時，自然能快速順暢地讀完。

❷**針對有疑問的部分思考**——當內容與個人想法出現明顯差異時，大腦會因「咦？」的不諧調感停下閱讀，此時應針對該部分進一步思考和分析。

❸**對內容產生認同感**——等仔細讀過，產生「原來如此！」的認同感，就可繼續剛才中斷的部分；若仍無法確實理解，則應回溯至前面的部分，再次詳細閱讀。使用這種「找尋不諧調感」的閱讀方法，可大幅減少需要細讀的部分，不僅提升了閱讀效率，也有助於吸收新知。

▼B情況解決方案：加入自己的意見或感想

B情況是渴望根據內容來強化自我觀點，打從一開始就捨棄了閱讀和理解整體內容，僅僅為了找尋「可補強、增進個人意見」的部分。舉例來說，閱讀一本哲學書籍時，想快速讀完並正確理解全書幾乎是不可能的，**正確做法是反覆閱讀，讓作者的中心思想深植於個人心中，日後還要偶爾翻閱，才能確實理解內容。**

然而如果需在短時間內讀完並提出個人感想，我在閱讀時，會將重點放在「可輔助個人專業意見」的部分。

例如：「古希臘哲學家亞里斯多德曾說『Life is motion.』，就腦科學而言，可以這麼說明……」又如：「關於經營，松下幸之助曾寫到這樣的事，我自己經營醫院時也有類似的經驗……」建議用這類方式做補充，儘管不是自己的專業知識，仍能從中找到「與自身知識或經驗相結合」、「讓談話內容更豐富」的字句。

▼發現某書不宜速讀時，請改變方法重新熟讀

除了發表個人意見的情況外，基於想增加談話內容的豐富性，促使我養成閱讀的習慣。不可錯過的歷史名著當然在我的書單上，各領域權威人士的著作、朋友推薦的好書等，我都會套用B情況的模式速讀。找出「這部分可以補強意見」、「這

個詞在說明想法時能派上用場」，**閱讀時特別有感觸的部分，我會一一寫在記事本上**，日後若需引述即可信手拈來。

即使運用上述方法，仍可能在閱讀過程中察覺「這本書內容連貫扎實，不應僅止於速讀，需熟讀才行」，此時請變更方法，重新閱讀。

▼想快速應答，反覆練習解題就對了

A和B模式均為追求速讀的情況，有人希望「考試時可以迅速閱讀考題」；其實，這個目的僅能透過反覆訓練來達成。

不需依賴任何特殊的速讀方法，大量且不斷反覆解題，答題速度與精準度自然會提升。想快速答題的人，唯有用這個方法才能奏效。最後要叮嚀大家，在此介紹的速讀方法，頂多只能稱得上是「才藝或嗜好」。**透過輸出「確實認知」，利用自己的話「整合、解釋」——才是學習的基本原則。**

第4章

學習效率從「火車」升級成「高鐵」！

打造「記性好」的大腦學習法則

不斷給大腦刺激，記憶就能長時間留存

▼腦神經網絡是「鬆軟的泥土」

大腦記憶新情報、獲取新技能的過程，神經學將其比喻為「留下軌跡」。就像車子駛過鬆軟泥土留下的胎痕，大腦因此獲得記憶或技能；若車輪在同處反覆來回通過，痕跡就會逐漸加深。

此外，神經學也將記憶強化、能力提升比擬為「**從火車升級為高鐵**」，算是相當切合實際情況的比喻。

據說成人大腦中有數百億個腦神經細胞（neuron，又稱神經元），由「軸突」和「樹突」兩種神經突廣泛延伸組合，分別負責傳送、接收資訊。兩者交織組合成像星象圖般錯綜複雜的網絡。腦神經的複雜網絡，若以車子留下胎痕的例子比喻，相當於「鬆軟的泥土」。

▼不斷輸入相同資訊，記憶就會愈來愈鮮明

當外來情報輸入大腦時，腦神經網絡中即有電流通過。進行思考、計算、行動等行為時，電流將流竄在腦神經細胞中，各自負責該動作的區域。這種電流通過，可視為「車子駛過」。

相同資訊不斷重複輸入、行為多次反覆，電流多次通過腦神經網絡，就會留下痕跡，像是車子在泥土留下的「胎痕」。胎痕會隨車子通過的次數增加而逐漸加深，並且不容易抹除。腦神經網絡的「痕跡」也是同樣道理，**刺激的電流不停反覆通過，痕跡就會愈來愈鮮明，使記憶長時間留存。**

讓大腦「反覆訓練」，問題再難都能解決

▼掌握「海柏學習法則」，學任何事都能立刻上手

繼續針對「從火車升級為高鐵」的比喻進行解釋。前述提到腦神經細胞彼此連結而形成網絡，但該網絡並非完全閉合，在軸突末端與樹突之間有極細微的空隙，此縫隙被稱為「突觸間隙」；包含此間隙在內，腦神經細胞網絡中所有的接縫處均屬於「突觸」。

當電流在網絡同一位置反覆游走，突觸的強度將隨之提升。簡單地說，就是原本停滯不前、不順暢的資訊傳達變得暢行無阻。好比本來每站都停的火車，轉變為過站不停、直達終點的高鐵。

「腦神經細胞」與「突觸」的關係

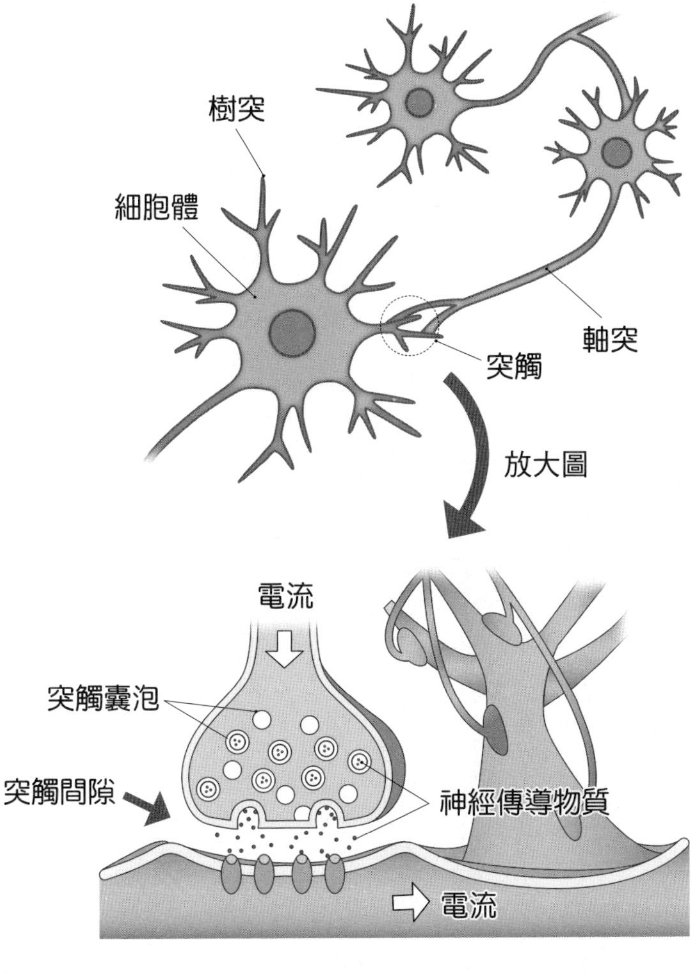

「軸突」與「樹突」接合處稱為「突觸」，其中微小的縫隙（突觸間隙）是神經傳導物質進行資訊傳遞的地方。

電流持續從腦神經網絡某一處反覆通過，等於不斷給予相同刺激，與該處相關的突觸強度會上升，進而提高資訊傳遞效率，造就出不易遺忘的深刻記憶，並增進學習能力。前述理論由加拿大心理學家海柏率先提出，他主張這是「大腦的基本學習原理」，所以被稱為「海柏學習法則」。

▼反覆訓練，讓「提線木偶」變成「自動機器人」

腦神經網絡如果沒有刺激（電流）出現，就不是一個有效的工作系統。「出現電流的網絡運作」才可視為有意義的大腦回路。**學習中最重要的關鍵是「反覆訓練」，不論何種領域或形式的學習，如果不經反覆訓練就無法真正熟練。**

持續「反覆訓練」後，思考、計算和行動等行為，在沒有自主意識的情況下，也能反射性地完成。此時腦內產生的變化，就像是「從提線木偶轉變為機器人」。

請嘗試想像A↓B↓C↓D的連續動作，至少需要「網絡運作A」、「網絡運作B」、「網絡運作C」和「網絡運作D」一起完成。當反覆訓練不足時，就要靠意識行動：「首先是A，接著B，再來是C……」。但熟練之後，根據海柏學習法則，**網絡運作A～D將得到強化，往後只要開始A便會自動一路進展至D結束，完全不需意識操控。**

▼讓大腦減少消耗能量，可提升思考能力

「不需意識操控的狀態」即「反射性完成的狀態」，這對學習成效（尤其是基礎學習）有至關重要的影響。以個人意識操控一舉一動時，大腦將耗費可觀的能量。相反地，大腦若能減少消耗能量，不僅可提升思考、計算和行動速度，遇到複雜的應用問題時，也可以順利完成。對此下一章將有更詳細的解說。

「以後自然會懂」的心態，是學習大忌

我有位高中同學被公認為「天才」，他的各科成績都非常優秀。我問他「你究意是怎麼唸書的？」他回答：**「把教科書反覆唸過13遍。」**

這位同學應該還買了考卷、題庫、參考書等做練習，但他的回答僅針對「基本的學習」。當下我的反應是「哇！你居然能做到這樣的事！」成為腦神經外科醫生後，我清楚瞭解到這位同學的學習方法，的確有其合理之處。

▼減少消耗大腦能量，留下餘裕做進階工作

根據海柏學習法則，**徹底強化基礎學習，是使應用問題變得易如反掌的訣竅。**

基本上，大腦運作有「時間」與「使用量」的限制（因心臟輸送到大腦的血流量固

定），儘管實際情況因人而異，經由運動、勞動興奮也能暫時提高腦部使用量，但整體來說，仍有上限。

如此一來，為了有效活用大腦，必須設法節省能量消耗；換言之，相同的思考、計算或行動，都要盡可能減少耗費的能量。這樣大腦才有餘裕去達成高難度、靈活的任務。

▼職場新手，為何做一點點事就喊累？

使腦神經網絡「反射性」完成動作可減少大腦消耗的能量，以下舉外科醫生的例子來說明。新人外科醫師進行短時間的小手術時，手術中一連串的判斷與動作都讓他耗盡心力，必須全神貫注於「這種情況下要這樣、接著該那樣、然後才是這樣」的思考，非常容易精疲力竭。

若是經驗豐富的外科醫生，**多半能在「反射性」判斷下完成手術**，很少感到疲勞。所以他們能長時間動手術，發生預料之外的緊急情況也較能從容應對。

▼反覆學習，培養「熟悉感」，降低「疲勞感」

外科醫生的道理也可以套用在唸書學習上，讀不熟悉的科目時，只看一頁內容就令人疲憊不堪；一旦碰上變化較多的應用題就容易束手無措。這是由於大腦的思考、計算和行動等所有環節，都必須由個人意識操控。

然而，**針對相同頁面反覆學習，久而久之便能「反射性」寫出解答與計算過程，疲勞程度會因此降低，碰到高難度的應用題也能迎刃而解。**

教科書裡的基礎知識、原理、法則、問題模式等，都是學習該科目的根本。更難的進階問題，如果沒有紮實的基礎，就算想破頭也無法解答。仔細審視進階問題後會發現，這不過是把基礎知識「重新排列組合」罷了。

▼反覆學習13遍，能節省大腦能量，增進思考速度

如果能將基礎知識訓練到不假思索的「反射應答」程度，這樣即使碰上進階問題，大腦也不需耗費太多能量思考就能解答，可大幅降低能量支出。

相反地，若輕視基礎部分的反覆訓練，認為「以後自然會懂」就貿然升級、進階，隨著應用要素不斷增加，需用個人意識操控的部分，也隨之擴大，將使大腦思考被迫中斷、無法持續，變成要花加倍的時間反覆練習才能熟記。

「把教科書反覆唸過13遍」可針對基礎部分強化記憶、提升能力，並增進思考速度，更有助於節省大腦能量消耗，是成效顯著的理想學習方法。

「反覆訓練」的5大鐵則

每次反覆訓練「盡可能不要間隔太久」，若中途停滯時間過長，就會影響學習效果。假設一本教科書花了一年的時間唸完，當一年後重新翻開第1章複習時，雖然說是「反覆訓練」，但就海柏學習法則來看，成效其實是非常薄弱的。關於反覆訓練，請掌握五大鐵則：

鐵則1 不斷地抄寫、解題、抄寫、解題

學習時讀到重要的原理、法則、例文就「反覆抄寫」；已經寫過的題目，應該在翌日學習新內容前，再重新解題。

鐵則 2

「馬上」再讀一次，並「回想」重點

讀完一個章節後，必須「馬上」再讀一次，然後試著回想重點，看看自己解題時能否反射性作答。

鐵則 3

選對書，才不會產生厭倦感

選一本篇幅、厚度在數週內就可唸完的教科書，然後針對此書反覆學習，較不容易因感到厭倦而放棄學習。

鐵則 4

同類型的科目，請「短期集中」學習

同類型的科目，應採用「短期集中」的學習方法為佳。例如補習班常見的「○○短期衝刺班」，這就是利用海柏學習法則提升成效的學習模式。

當學習時間較短時，與其匯整眾多內容，不如改採**「相同內容反覆出現」**的訓練方法。由於執行不易，放任學生自行訓練可能成效不彰，因而才出現短期衝刺班集中管理的形式。

鐵則 5 持續複習，加深記憶印痕！

學習如果不能持續一段時間複習，將使記憶消失殆盡。請回想車輪與胎痕的比喻，只要車輪通過，泥地就會留下胎痕，但胎痕會隨時間逐漸淡化、消失。**沒有確實做到反覆訓練，並中斷學習時，學習行為本身幾乎是毫無意義。**

相反地，因反覆訓練而強化的「網絡運作」好比歷時形成的胎痕，不會說消失就消失，腦神經的電流路線不可能輕易廢止，也不會被時間抹去痕跡。小學曾反覆學習的內容，長大後仍然記憶深刻，就是這個緣故。

經過這樣的反覆訓練，絕對會出現很好的學習效果，「學習初期的反覆訓練」會令人覺得痛苦難熬，不妨使用第1章的方法，為自己準備讚美或獎賞。

「絕對拿高分、一次就合格」的考試秘技

前面提及「網絡運作」的痕跡會隨時間而淡化消失，若能將其強化為反射動作，記憶就不容易隨時間淡化。

然而，如果未能有效提升突觸強度，已形成的「網絡運作」在正式考試來臨前，便有被遺忘的風險。但若能讓電流再次通過，網絡痕跡就會跟著加深。

由此可知，考前應將截至目前的「網絡運作」，毫無遺漏地全數強化。例如蒐集大量歷屆考題、模擬試題練習。**此外，「重新複習」教科書與筆記、回想學習內容並親口說出來、再做一次題目等，都是不錯的選擇。**

▼花太多時間克服弱點，容易喪失鬥志

當你察覺自己的學習弱項與不足，此時請切記「不要花太多時間克服弱點」。在考前關鍵時刻發現缺失，誰都會想集中火力補強。但為此進行強化工作時，反而可能淡忘其他部分的「網絡運作」，而影響考試成績。

此外，集中加強弱點時，多數人因「無法輕易達成」，反倒會喪失鬥志，使大腦清醒度一落千丈，學習效率大不如前。**考前複習請以「擅長的內容」為主，摻雜少許不足的部分一併學習，這樣才能以高效率的方式克服弱點。**

考試在即，務必要靜下心來審視整體學習內容，確立合理的計畫，讓自己不會因慌張而迷失。訂定的計畫可在考前1、2個月，再視情況調整。

▼調整作息，讓大腦在應考時處於尖峰

考前最重要的是調整生活作息及健康管理。舉例來說，假設正式考試從早上10點開始，就應設法調整每日作息，使清醒度在該時段達到「尖峰狀態」。

使清醒度在相同時間進入尖峰狀態，大腦自然容易在該時段活化。此外，**若考試時間為1.5小時，考前也應以此設定學習的「時間限制」。**考前讀書時間應平均分配，請多加複習整體內容和克服弱點。同時也請留意飲食均衡、睡眠充足，以萬全的準備迎接考試。

克服「半途而廢」的好習慣養成法

已奠定扎實基礎、可反射性答題的人接著又該執行什麼樣的訓練呢？**「購買進階教材」**、**「針對新內容反覆訓練」**都是不錯的方法。但當考試不是主要目的時，這種方法難免顯得單調無趣。以下將介紹幾個容易實踐又兼顧學習趣味的做法。

▼蒐集感興趣的報章書籍，反覆閱讀欣賞

例如我目前正重新學習英文，但並不是以通過考試為目的，而是期許自己能接觸並熟悉更多樣化的英文表現。這樣的學習關鍵在於「興趣」，不管是論文、散文或英文新聞都無妨，只要是感興趣的文章，就可以閱讀。**閱讀時，我會篩選出「這麼形容很不錯」、「原來可以這樣表達」等有感而發的部分抄寫一遍**。

我目前正在閱讀一篇名為「總統演說」的文章，作者是腦神經專家奧立佛．薩克斯，他提到語言障礙患者看到美國總統雷根的電視演說後大笑，並以此為例介紹腦部知識，我隨身帶著文章影本，利用空檔反覆閱讀、抄寫部分內容，許多段落都令我讚嘆不已：「難以用語言具體表達的大腦特性，他竟然這樣描寫！」

▼想打好基礎，只要「一本」教科書就夠了

我有收聽BBC新聞的習慣，遇到不懂的單字或語法就會上網查詢，並隨手寫下。反覆多次輸入與輸出，原本陌生的單字與各種句型就會經常出現。以此方式反覆閱讀、抄寫同一篇文章，也等於在進行反覆訓練。當你察覺「啊，這個字又出現了」，代表海柏學習法則已經見效。

總之，**進行基礎學習，不宜同時使用多樣教材，集中於單一教科書的反覆學習效果最好。**隨著個人知識程度與目的不同，閱讀多樣化文章、寫筆記、解題等，反覆接觸出現頻率高的要素，是有效學習的不二法則。

壞習慣不趕快改，大腦會愈來愈笨

▼你的大腦充滿「壞習慣」的強力回路嗎？

海柏學習法則不僅是重要的學習原則，也是強化「行動」與「習慣」的原理。若以「習慣」的觀點來看，海柏學習法則的恐怖之處在於「儘管本人並未抱持任何期望，但反覆的行為最終會成為一種習慣。」

例如：到公司就開電腦，開機後第一件事是上網，接著開始瀏覽新聞，連沒什麼興趣的新聞也一一點閱。每天重複上述行為模式，如此一來，即使個人不期望將這個動作發展成固定習慣，但與行動相關的大腦回路仍在不斷強化，以後只要坐到電腦前，就可開啟後續一連串動作，變成習慣上班前先看新聞。

生活中擁有這類「非出自個人期望」的習慣無傷大雅，但是若不特別留意，**極可能在不知不覺中，被那些習慣支配。大腦裡這些壞習慣的回路，會在無形中運作，浪費大量時間。**各年齡層的人都有此現象，考慮到年輕人還有長遠的人生，「壞習慣大腦回路」會對他們造成更大的損失。

▼強化「正向行動回路」，壞習慣就能改變

就某種層面來說，人類就像受大腦操控的機器人，當腦中出現強而有力的回路，只能聽令行動。然而，我們畢竟有別於單純的機器人，對腦中回路可自行排列組合，擁有「不遵從」的權利，可選擇只做對自己有意義的行動。

當「不依循壞習慣的回路」和「選擇對自身有意義的行動」不斷反覆，依海柏學習法則強化，就會進一步改變「習慣」。滑鐵盧戰役大敗拿破崙的英國威靈頓公爵曾說：「光是紀律與訓練無法改變人類。」背後的意義是「與其指望反覆有意識的行動，不如讓大腦自動改變。」這是人類與生俱來的學習本能。

▼連結大腦酬償系統，養成新習慣

大腦要憑藉自我意識去改變行為，是一件很不容易的事。已經根深柢固變成習慣的行為，往往伴隨「暢快感」，大腦反覆該行為是想獲得「獎賞」；換言之，「酬償系統」就是「反覆行為」的原動力。

想改變壞習慣時，**讓「新習慣」與大腦酬償系統產生連結，是最重要的一環。**此外，意志力會隨清醒度降低而減弱，所以應設法提升清醒度。「利用欲望」是養成新習慣的關鍵，接著透過簡單工作喚起勞動興奮、將基礎學習訓練成反射行為、累積正面情感等，都是不可或缺的重要因素。

第 5 章

配合大腦發展順序＋充分讚美，造就小天才！

讓孩子喜歡唸書，打造「超強學習力」！

孩子大腦的「可塑性」最高，培育要趁早

▼大腦突觸數量，「幼兒期」達高峰

本章將針對孩子大腦與學習的關係詳細解說。雖然本書主要是給20歲以上、特別是在職進修的社會人士閱讀，但對成人而言，認識孩子大腦有助於瞭解增強大腦學習力的方法；而致力育兒的父母也能應用此法，開發孩子潛能。

首先從孩子大腦與成人大腦的差異談起。大家認為孩子與成人的大腦，哪一個的突觸數量比較多呢？多數人會回答是成人大腦，但事實完全相反，孩子大腦的突觸數量比成人大腦來得多。

小孩大腦的突觸數量從胎兒期到嬰兒期，呈現爆炸式的成長，在幼兒期迎接高

峰之後，才開始逐漸減少。這可能與幼兒期已充分適應環境有關，發展寬廣且過剩的大腦網絡，轉而朝效率化發展，此現象被稱為「突觸的去蕪存菁」。

突觸的數量並非越多越好。如同第4章所述，突觸是腦神經網絡的接合處。當電流在突觸反覆游走、成為網絡運作的一部分時，突觸才真正具有意義。

▼把握黃金期，人人都能培養「絕對音感」

孩子擁有「可塑性極高」的大腦，經過訓練，就能產生巨大的變化。根據研究顯示，早期實施音感教育確實有其效用。絕對音感僅能於幼童期培養，長大成人後不論用什麼方式訓練，都很難養成。因為成年後，對應絕對音感的腦神經網絡（電流的通過路徑），很有可能早就消失了。

雖然我不主張早期教育（孩子一出生即施予教育），但若想將孩子培育為音樂家，在幼童期就展開音感教育絕對是重要關鍵。

孩子還有一項能力要趁早培養，那就是分辨「r」和「l」發音差異的能力。

這個能力成年後訓練為時已晚；然而，若在幼童期就讓孩子與說英語的人接觸，訓練起來就容易許多。因為孩子的大腦，已建構對應不同發音的腦神經網絡。同理可證，孩子的英語聽說能力，從幼童期開始培養，學習效果較好。

▼讓「環境」決定孩子的語言能力

其實，父母不用過度在意要從小培養孩子的外語能力。英語雖是世界通用語言，但以英文為母語的人僅佔全球人口一部分，溝通往來時，對方並不會期望外國人擁有標準發音和聽說能力，談話內容才是真正重要的關鍵。

尚未熟悉母語前，就刻意要求孩子養成英語能力，反而可能使他們思考混亂、無所適從。一般來說，將語言能力交由「環境」決定，是較為適當、有效的做法。例如孩子年幼時，因父母工作而移居英語系國家，他們自然能養成優秀的聽說能力，這是因環境改變衍生的學習能力。

三階段大腦培育法，教出聰明乖孩子！

▼孩子的思考機能，十五歲才開始發展

培育孩子大腦時，應特別注意「順序」。腦科學指出**幼童期大腦偏重感性、小學及中學時期則發展運動機能，最後才是思考能力**。

對照大腦發展順序與天才出現的時間，發現兩者不謀而合。例如音樂神童莫札特在十歲以前，即展現驚人的音樂天賦。但對比之下，幾乎不曾聽過未滿十歲就站上奧林匹克舞台的運動選手，因為孩童大腦的運動機能尚未開始發展。傑出的運動選手，多半在十～十五歲嶄露頭角。但幾乎沒有人能在青少年時期就創造傲人的學業成績，因為**大腦思考機能從十五歲才開始發展（約四十歲發展完全）**。

0～7歲（學齡前）給予孩子安全感，別硬逼他們讀書

在幼童期要求孩子鍛鍊體能、認真唸書，對他的大腦發展沒有太大的幫助。此時期多向孩子**輸入「大量感覺方面」的情報資訊**，才能幫助他們開發潛能。

讓小孩多接觸音樂、多聽各式各樣的聲音，用雙眼看豐富的景色、親手觸摸各種物品材質，這麼做能豐富大腦感覺機能，是最適合學前兒童的養育方法。

此外，本階段孩子大腦的情感表露無遺、毫不遮掩，所以請特別留意給予他們**安全感**及**穩定感**，讓他們可以感受到「我被父母守護著，是個重要的存在」。

8～15歲（小學至中學）接觸各類運動、提升運動機能

小孩開始上學後，可將發展重心轉移為「提高大腦的運動機能」。小學、中學至高中，運動能力會配合身體發育而有長足的進步，此時雖不一定要勉強孩子每天運動，但仍應讓他們養成適度運動的習慣，維持身體健康。

掌控身體運動及長時間持續運動的能力，其實與自我約束力、集中力、耐力密切相關。此階段的鍛鍊，可視為日後學習、唸書的準備工作。

如第一章所言，**運動也可幫助情感控制。但並不鼓勵父母勉強不喜歡運動的小孩從事運動。**除了走路散步、跑步、跳繩、體操等基本運動外，不妨為孩子創造可接觸各種運動或遊戲的機會；引起孩子的興趣後，父母再順著孩子，為他們提供適當的發展環境，這是比較合宜的做法。

16～20歲（青春期）讓孩子自己訂定目標、培養自主性

培育孩子大腦的最後階段是「發展思考能力」。前文提及大腦突觸最後會去蕪存菁、數量減少，但在這中間也會有突觸數量增加的時期。

青春期是培養思考能力的關鍵時期，尤其是主掌意志、計畫、情感控制等與額葉發展有關的能力。十五、十六歲是讓孩子嘗試訂定自我目標、提高計畫與行動能力的最佳時機。

換言之，在進入青春期之前就要求孩子養成自主性與計畫能力，可能徒勞無功。此時期讓孩子感受學習樂趣（學習的好處）、培養坐在書桌前的習慣，會比強迫他們唸書更有意義。

▼孩子大腦需要安裝「軟體」運作

雖說思考能力是培育孩子大腦的最後階段，但這並不表示在此之前小孩不需要學習任何知識。

孩子的大腦好比從未安裝任何軟體的電腦，雖然與成人大腦有相同的基本功能，但尚未輸入任何操作使用的資訊情報。因此，依序為孩子大腦安裝可成為思考基礎的「軟體」，成為不可忽略的重要工作。

首先，必須讓孩子具備靈活運用母語的能力，也要教他學習國文、數學、自然、社會、英文等科目，為大腦輸入生活不可缺少的基礎知識。父母要特別注意，**別讓孩子產生「不擅長某科」或「認為自己有哪些弱點」的想法。**

▼「培育孩子大腦的順序」等於「活用成人大腦的順序」

培育孩子大腦的順序，其實就是靈活運用成人大腦的步驟。「穩定情緒」與「適度活動身體」兩項工作完成後，才能充分發揮大腦的思考能力。

思考能力需運用高難度的額葉活動，所以要先執行基礎軟體（簡單的工作），幫大腦暖機。瞭解大腦發展（活化）的順序，並依序執行相應工作，便能提升大腦的學習能力。

孩子說十句，父母請「回一句」就好

▼孩子說的每句話，父母都要好好聽

「聽孩子說話」是培育孩子思考能力最重要的關鍵。常有人說，孩子大腦是由「後」往「前」發展的。比較嬰兒與成人頭型，嬰兒的後腦勺明顯凸出、額頭狹窄（小孩因此經常後傾），顯示他們的大腦形狀明顯與成人不同。

後腦（顳葉與枕葉）儲存著由雙耳、雙眼接收到的資訊情報。對孩子大腦來說，重要關鍵是「經由感覺逐漸認識世界」，這也是他們後腦容積較大的原因。至於負責資訊整理、歸納整合、思考的前腦（額葉），相較之下容積則小了許多。

由此不難想像，**培育大腦思考能力的關鍵在於，將儲存於大腦「後方」的資訊**

情報由「前方」引出。因此必須執行「輸出」的動作，其中又以「說話」為主。

孩子說的話雖感覺未經組織，但當他們努力想表達自我時，會運用大腦各式機能整理情報，使腦中資訊得以整合。所以「說話」這個動作可訓練情報組織能力，對成人大腦也有一樣的功效。

▼「父母的回應」是培育孩子大腦的最佳原動力

演講時，我常建議家中有幼兒的父母：當孩子說話時，一定要扮演好聽眾的角色。孩子若說十句話，父母只能說一句，這是引導孩子大腦發展的最佳比例。

此外，**為使談話順利，應配合話題順勢提問或回應，例如：「什麼時候？」**、**「在哪裡？」**、**「那個朋友是什麼樣的人呢？」**這類問題有助於孩子將心中想法系統化，能順利引出儲存於後腦的資訊情報，並經前方額葉組織排列為語言。

請重視孩子鼓起勇氣說出「爸、媽，我跟你們說……」的心情。對孩子大腦而言，父母與老師的回應，等同無可比擬的珍貴報酬，是培育大腦的最佳原動力。

孩子是不是讀書的料？全看父母的行為，與遺傳沒關係

▼擅長文科或理科，與遺傳無關

根據腦科學研究，我們可斷定**「大腦結構是由遺傳因子設計的」**。舉例來說，與運動相關的腦神經細胞組成運動區域網絡，與思考相關的腦神經細胞組成思考區域網絡。以此類推，與視覺、聽覺相關的腦神經細胞組成各自的區域網絡。

這些個別的大腦區域均由遺傳因子主導而組成。不過受遺傳因子主導而形成的大腦結構等於「鬆軟的泥土」；其上的「網絡運作」效果則視環境與學習情況不同而有差異。此外，**學習擅長國文還是數學、偏向文科還是理科，這些特質幾乎與遺傳因子無關**（至少沒有決定性的影響）。

▼孩子神似父母，大部分來自「模仿」

那麼，親子間除了具體的外表、個性與能力確實有極相似之處，又該如何解釋呢？其實這是成長環境中，「父母」這個要素佔絕大影響力的緣故。

如前文所述，孩子大腦的主要訴求是「經由感覺逐漸認識世界」，此時期父母往往會在孩子身旁寸步不離，因此理所當然成為主要的模仿對象。尚未安裝任何「軟體」的孩子大腦，將以父母的言行為基準。

例如，父母時常在家學習並樂在其中，久而久之，孩子也會仿效父母的舉動，對學習和閱讀產生興趣。因此造就了親子性格「相像」的結果。

父母平時的用字遣詞也會影響孩子的發展。如果父母從事科學研究的工作，生活對話中常出現與科學有關的詞彙，孩子難免會接觸到父母正在讀的書與資訊。**即使不瞭解真正的詞義，仍會向大腦輸入「聽過那個字」的資訊，時間一久，自然容易對該領域產生興趣。**

▼酬償系統的力量，大於遺傳基因

事實上，決定孩子能力的關鍵因素是大腦「酬償系統」的引導，它的作用勝過遺傳與模仿父母。

寫作文受到讚美的孩子，會為了再次獲得被稱讚的「暢快感」，而自動自發提筆寫作，漸漸變得擅長寫作。數學考滿分的孩子，為了想再次得到一百分就會努力學習數學。這種酬償因素對孩子的發展，有超乎尋常的影響力。

反之，孩子如果曾有「不擅長」、「做不到」、「會被罵」等負面經驗的記憶，他就會對該類學習心生厭惡。兩種情形日漸累積後，就會出現專長科目與不拿手科目的區別。

因此，**孩子表現好的時候要「讚美」，表現不好也不能斥責、別讓孩子覺得自己有「不拿手的科目」，這是非常重要的關鍵。**

▼別灰心，人人都有「數理腦」！

長大成人後，即使面對不擅長的數理科目，也不要因而自暴自棄。其實每個人都擁有處理該類資訊的腦神經網絡，與擅長數理科目的人沒什麼不同。

只要從基礎開始重新奠定「運作網絡」，即使是成年後想增加擅長的科目，也絕非不可能的任務（詳細方法將於第六章介紹）。總之，**請各位讀者學習時，千萬別把「遺傳」視為不可改變的決定性因素。**

讓孩子做「可以辦到」的事情

▼善用酬償系統，喚起學習鬥志

本章重點在於說明成人也適用的「孩子大腦培育法」，主要是站在「父母」的立場解說，最後則要轉變角度，改從「老師」的視角來培育出聰明的孩子。

年幼的孩童額葉尚未發展成熟，因此要求他們思考「學習目的」、擁有自主性等，未必有用。但「酬償系統」對孩子的大腦一樣有舉足輕重的影響力，他們會因「表現好能獲得讚美」，因而更加努力。而讚美、獎賞，不一定要是實質上的獎品（可偶一為之），**最簡單明瞭的酬勞是「學習有所收穫」、「被稱讚」和「獲得回應」這類的愉悅感受。**

孩子因自己「可以做到」高興不已，進而燃起加倍努力的鬥志；因「被稱讚」而心情愉悅，所以想要主動發言、回答問題；因「獲得回應」欣喜若狂，主動想重複該行為。雖然應用在成人身上也有相同效果，但孩子的大腦更加單純、直率，酬償系統實為「喚起學習鬥志的不二法門」！

▼如何教出聰明的孩子？「多問問題」就對了

教導孩子的時候，為了給予報酬（喜悅），首先要設法提供他們「可以辦到」的課題。這個課題不該只讓優秀的孩子輕鬆完成，必須設法讓所有孩子都能順利達成，之後再給予讚美。

建議老師可以拋出讓大家提出看法的問題，只要一有孩子發言，老師就積極回應，這樣絕對能有效激起孩子的學習意志。**如果只問高難度的問題，僅資優生能回答，反而會令其他學生學習意願低落，形成惡性循環**：由於不會，所以不願嘗試，沒有行動，自然無法得到讚美，孩子只會被動地依「老師的指示」行動，無法享受學習的樂趣。

不過，老師們也可依情況調整，配合學生程度，適時提出一些只有資優生才會的難題，但不宜佔去過多的課堂時間。整體而言，**全體孩子都可完成的中等問題應佔六成，稍難的佔三成、高難度的佔一成，維持「6：3：1」的比例最理想。**

▼孩子頭腦是否靈活？注意他的目光吧！

如果班上有某個孩子，無法完成其他人都能做到的功課，請配合他的程度，指派給他「可以辦到」的功課。下課後多留幾分鐘，單獨教他簡單的基礎知識。儘管這個孩子「可以辦到」的部分不多，但了解基礎知識後，在課堂上就會為了完成課題而絞盡腦汁。等他順利完成題目，請老師稍微誇張一點，大肆讚美他。

分辨孩子是否頭腦靈活，最好的方法就是「注意他的目光」。我長年為患者診療時，**發現腦筋不靈光的人，雙眼視線很少移動。即使眼睛看著你，也會覺得他的注意力不集中。**

這類患者經過幾次治療後，頭腦會變得靈活，目光也會炯炯有神。家長和父母必須盡力讓孩子們在學習時進入上述的狀態！

▼五分鐘隨堂小測驗，提高大腦基本運轉次數

曾有讀者問我：「要如何提高孩子大腦的『基本運轉次數』？」指的是為了解決問題，腦部瞬間提高注意力、臨機應變的能力。其實對孩子大腦不需要特別在意這個問題。即使沒喚起勞動興奮、沒有感覺迫切，孩子大腦因為思考單純，想提升基本運轉次數其實相當容易。

最簡單的做法是，**上課時突然告知他們要進行五分鐘的隨堂小測驗**。不僅可藉此讓學生產生緊張與迫切感，全員也幾乎都能獲得漂亮的成績，讓他們回家後得到媽媽的讚美。培育孩子大腦時，務必牢記酬償系統的重要性，並善加運用。

第 6 章

持續學習的四要件：目標、獎賞、興趣、便利性

就算六十歲，還是可以開始學習！

沒有目標的學習，只會愈來愈空虛

▼「目標明確、知道為何而戰」，就能帶來力量

孩子學習的目的是「為大腦安裝基本軟體」，成年（20歲以上）的學習則重視**「如何運用已安裝基本軟體的大腦」**；換言之，就是要知道「明確的學習目標」。

進修學習是為了通過檢定，還是追求更理想的工作？學語言是想和外國人溝通，還是為了看懂外文書？或是想成為有錢人、想要收入穩定、想藉此幫助他人等，此類遠大的理想固然重要，不過現階段應先建立「近程具體目標」。

就大腦的特性而言，**成年後的進修學習絕對不能欠缺目標。學習如果沒有明確目標，不能和大腦的「酬償系統」產生連結，便無法長時間持續。**

▼來自社會的獎賞，是成人最在意的報酬

孩童時期，只要唸書學習就能得到讚美，近程目標往往是每學期的段考或入學考試。順利達成目標就能得到更多讚美或獎賞，讓他們可以毫不遲疑地投入學習。也就是說，孩子一直透過「父母和學校」刺激酬償系統。

但是，對成人來說，只憑學習行為無法得到任何讚美；而且成人較理性，即使費心準備、參加不知有何意義的考試，也無法從中獲得成就感。

因此，成人必須巧妙運用個人欲望，在給予自我獎賞的同時進行學習。但這個方法仍有極限，如果無法釐清目標而勉強自己進修，內心仍會空虛不已。

成人學習的獎賞必須從「社會」獲得。**例如順利就職、升遷、被更好的公司挖角、得到他人的感謝、受周遭朋友信賴……這些都是具有社會意義的成功。**以此為目標努力時，得到的滿足感、成就感，才是能有效活化成人大腦的報酬。

腦科學家時實利彥曾以一句話，扼要描述大腦扮演的角色：「大腦讓我們活著，而且強壯地活著、狀況良好地活著、精采地活著。」可以將其解讀為：

- **活著**——**腦幹**和**小腦**掌控生理機能，維持呼吸、血液循環等非經個人意識操控卻仍正常運作的生命跡象。
- **強壯地活著**——與主掌欲望、情緒波動的**大腦邊緣系統**息息相關。
- **狀況良好地活著**——大腦會蒐集周圍資訊、記憶其中的重要情報，以提高生存可能性，由最發達的**大腦聯合區**主導。
- **精采地活著**——與掌管意志力與主體性的**前額葉皮質**密切相關。

▼「活下去」是學習的深層動力

透過前述的聯合運作，大腦使我們得以生存，完成生而為人應有的使命。

學習只要與聯合運作的任一部分產生連結，都能被大腦視為「報酬」。換言之，凡能提高生存可能性的事物，都可化為學習動力。人是社會化動物，所以要提高生存機率，自然不能忽略金錢與社會地位；只要獲得其中一項，即可被大腦認定為獎賞。

如果你想為自己加薪、在職場上擁有一席之地，就必須擁有特定的知識或技能。為了因應瞬息萬變的現代社會，「充分瞭解社會現況」、「廣泛蒐集資訊」、「設想多種可能性」等，皆能幫我們「狀況良好地活著」。許多上班族晚上去進修外語、經濟等課程，也是以此為目標。

▼設定「具體目標」，給大腦嚐點甜頭

人生在世，必須設法拉近現實與理想的距離。追求哪種形式的幸福、在社會中扮演什麼角色、想要有何成就、除自身之外還想為誰做些什麼，這些都擁有不容小覷的影響力。擁有「遠在天邊的理想」，也別忘了訂定「近在眼前的具體目標」，藉由達成近程目標，帶給大腦滿足感，大腦獲得報酬後，就能產生學習的動力。

想好好活著，自己該何去何從呢？確保工作收入與社會地位的同時，想朝理想

邁進，下一步該設定什麼目標？請試著思考這些問題，**即使這些問題的答案會不斷修正，但「隨時懷有目標」非常重要。**如此才能敦促自己「我需要學習」，刺激大腦努力吸收知識。

每次學「一點點」，會想學更多

▼大腦排斥「充滿不確定的事物」

沒有訂立目標，會使學習範圍太過廣泛——這也是成人學習需要明確目標的重要理由。

小孩只需遵循師長規定的範圍學習即可。然而成人進修時，要從哪裡開始唸？唸到哪邊？都得靠自己決定。**大腦不擅長思考「永無止盡」、「擁有無限選擇」的事物，如果不限制範圍與進度，會使大腦萌生抗拒的念頭。**因此，為自己「設定學習範圍」是成人進修的重要原則。

學習若是為了通過檢定或入學考試，目標相當明確；但如果是為了工作往返海外而進修語文，目標較不明確。此時不妨將目標設為：學會最低限度的日常會話，以及培養工作會用到的讀寫能力。

▼想增加學習的續航力，告訴自己：「只做這些就夠了！」

我本身因兼任財團理事長、經營醫院等職務，有了學習會計的念頭。年過50才開始學會計，但我不要求達到會計師的專業水平，所設定的目標是「能理解會計師談話的內容就好」。**用這種方式縮小目標，自然能限定學習範圍。當產生「只做這些就夠了」的認知，很容易燃起欲望與鬥志，告訴自己「好，開始吧！」**

近來為了吸收海外新知，以及想將自己的工作與研究成果用英文完美呈現，我也重新開始學英語。除了基礎部分外，只針對「有助於表達工作和研究成果的相關單字、句型」特別進修。有了明確的目標，學習起來更加得心應手。

學習英、日、韓語，就算40歲也來得及！

▼學語言，發音不代表一切

學習語言時，小孩的「音感」優於成人，他們有正確分辨微妙發音的能力。因此從幼童期開始學英文，確實佔有優勢。此外，想學道地的英文發音及口說能力（和感覺及運動機能相關），從幼童期開始學，養成率較高。不過從大腦的特性來看，從小開始學英文的優點也不過如此而已。學習語言另有其他更重要的目標。

事實上，**學語言不一定要具備「辨別發音」與「正確發音」的能力。**英文是世界共通的語言，中國商人說英文談生意、印度工程師也說英文工作，他們沒有精確標準的發音，也無法確實聽懂每個字句，但仍然能溝通。

我的朋友曾遇過印度觀光客向他問路，即使對方的英文發音與文法一塌糊塗，朋友人仍能理解對方的意思。或許是對方「努力傳達」，友人也抱持「努力理解」的態度聆聽，於是能圓滿達成溝通。

擁有「試圖傳達與理解」的意志，是溝通的關鍵，以此為前提，雙方才能溝通無礙。只要具備基本的聽說能力，剩下的不過是意志與經驗問題罷了。

▼只要用「心」溝通，全世界都能當朋友

也有人主張「成人學語言更容易上手」，關鍵理由在於**「以外語傳達的內容，成人多半可藉由經驗理解」**。試想印度觀光客問路的例子，多數成年人都有被問路的經驗，即使不曾親身經歷，也會因為「可能發生這種情況」而容易想像該情景。

若以英文寫下觀光客問路的句子，只要懂單字字義，成人便能很快地瞭解情況。如果是小孩子來閱讀，由於缺乏經驗，可能難以想像現在發生什麼事；即使能想像，也很難理解相關背景，例如印度觀光客多半不介意英文發音及文法正確性，

而勇於搭話；或是日本人往往自我設限英文發音與文法等。由於孩子大腦的知識體系尚淺，容易使語言學習淪為紙上談兵的空泛知識。

▼成人理解力強，「學語言」能快速獲得成就感

成人可透過「想像」，理解英文真正的涵義，學習時容易獲得成就感。這一點不僅適用於聽和讀，說和寫也有同樣的優勢。

此外，成人學英文還有一項有利條件，那就是「**清楚自己的弱點**」。小孩子剛開始學英文時，像是第一次到森林散步，前進的同時還得設法記下周圍景色，自然無暇停下腳步仔細欣賞美景。

反之，多數成人已學過至少六年的基礎英文，相較之下，可站在略高的位置俯瞰森林整體。我近年再次開始學英文，除了藉此複習基礎部分，也重新審視自己以前囫圇吞棗、懵懵懂懂的部分。**只要找出自己的弱點，鎖定重點部分確實理解，再反覆訓練即可突破難關。**

總是說「自己英文很爛」的人，當然會永遠學不好

不少人認為「出社會多年後，重新再學英文，是非常困難的事」，我認為「因學習產生的無力感」才是阻礙學習的主因。

人體神經相連的部分各自有其機能，當本人認定「不需活動，也沒必要活動」時，即使加強訓練某部位，該處也不會因而活化。學英文也是，當你自認「無法做到某事」，就不會有想要「努力克服」的意識，反而會盡力逃避。

自己覺得「我的英文很爛」，便會想盡辦法避免接觸英文。越是逃避，「無法做到」的意識越是加深；**一旦建立不接觸英文的生活模式後，心中就會產生「沒必要學會」的想法，抱著這種想法學英文，結果當然是「學不會」。**

▼消除「無力感」，才是學好英文的關鍵

孩子也會出現「因學習產生的無力感」，但與之相比，**成人持續且永無止境地學習，更容易產生無力感。**

在這個全球化的時代，幾乎無法避免使用英文。如果因緊急需要開始學英文，卻無法捨棄「不會，也沒必要會」的抗拒意識，自然得不到突出的學習成效，許多人反而以此為藉口，主張「成年後才開始學英文太遲了」。

成年人學不好英文，大都不離上述理由，所以消除「因學習產生的無力感」，才是成人培養英文能力的根本關鍵。

▼不妨從「已經會的部分」重新展開學習

與孩子大腦相比，成人大腦學英文的弱勢只有「音感」。雖然常有人說「成年後記憶力大不如前」，但事實並非如此。真相是：「成年後付出的努力不比年輕

時」，例如不會為了記住一個英文單字，而多次反覆書寫。

因此**請拋開虛榮心，從「這個我已經會了」的等級展開學習！**以國中英文為基礎重新學習，絕對有益無害；不擅長寫作而擅長閱讀的人，從閱讀著手也無妨。學習內容不必拘泥，可以是自己熟悉的領域，例如精通職棒聯盟的人，就集中火力閱讀相關文章。

▼打破「成年後學不好英文」的迷思

一點一滴累積「做得到」的經驗，使大腦感覺「有所作為」，可以有效克服無力感。「因學習產生的無力感」逐漸減弱後，便能運用自己的知識與判斷力，審視整體學習內容，並從中發現自身盲點。

即使是長年認為「我英文很差」的人，真正不懂的地方可能少之又少；只要克服心理障礙，便能進一步消除無力感。因此，別再落入「成年後無法把英文學好」的迷思，絕對沒有那回事！

超強三關鍵，提升英文的「聽說讀寫」能力

市面上有很多標榜「光靠『聽』就能學好英文」的教材。學習方法多樣化是件好事，我無意否定任何學習方法，但想真正發揮「聽」英文學習的成效，有些情況需要留意。

關鍵1 大腦的記憶體有限，別過度執著記住每個字句

想用聽的學好英文，本身英文聽力必須有中高級的程度，幾乎能全數理解聽到的內容。一般人學英文，習慣將外語轉換為中文再進行理解，但此方法容易與現實生活中的會話產生落差。**必須像聽到中文般直接反應，讓外語單字和文章直接浮現在腦海**，才是最恰當的做法。

此外，過度執著於想搞懂每個字句的意思，也是學外語初期容易出現的情況，但大腦在同一時間可容納的資訊量有限，很快就會出現「記憶體不足」的問題。

關鍵2 要有一定的英文程度，才不會把英文忽略為「聲音」

聽到母語時，大腦會試圖從聽到的內容，捕捉大致的涵義與場景，學習英文會話也需要這樣運作。以「聽」為主的學英文方法，可視為提升思考層級的訓練方式。而且，如果習慣聽說話速度快的英文，自然會覺得實際英文會話的速度過慢。

為確實發揮成效，**至少得達到「將內容用英文寫下就能充分理解」的中級程度。**萬一程度不夠，即使聽見英文，也只會將其當作聲音資訊輸入大腦，而不會建立任何基本認知。

關鍵3 對英聽內容瞭若指掌，反覆播放和聆聽

想提升聽英文學習的效果，另一種方法是「**對內容瞭若指掌**」。預先熟讀英聽

的內容、反覆朗讀或抄寫、理解單字和語句的意思、文章場景等。**以此為基礎，反覆播放和聆聽，才算是有意義的行為。**英文程度中級以上的人實行此方法，亦可作為訓練思考的方法。

▼想提升英文能力，聽說讀寫都要多練習

我認為提升聽力最大的關鍵，在於個人試著「發音」唸英文。大腦語言中樞裡，「聆聽方式」和「說話方式」成雙成對。即使是母語，自己說的話自然也會聽得見，使用較難懂的說法時，仍可清楚理解話中涵義。因此，口說訓練的同時，也會提高聽力。結論是「聽」英文的確有助於學習英文，但若想真正提升英文能力，還是應該確實閱讀和理解，並重視書寫及口說練習。

就算有點難，也不能覺得「算了！」不逃避的學習，才能讓自己與眾不同

▼盡全力求知，才是學習的真諦

最後，除了「功利性的學習」，我還想針對其他學習進行探討。例如擴充語彙也是一種學習，卻不像考試那樣耗費時間，請將其視為「留意」就會對自己有益的事。

首先，應該增加身為社會人應懂的語彙。**例如閱讀報紙或新聞時，若有不瞭解的地方，不能想說「算了」就敷衍了事，應該盡力去查詢、理解意思**；在文件資料中，若看到不懂的單字、句子也要設法了解。踏入社會就業後，從日常生活、工作領域、人際關係中自然而然學到的知識，遠超過正式學習所得。為了開發新話題、學習新知，必須要先懂相關詞彙。

▼人會逃避不熟悉的事物，窄化思維

舉例來說，如果不瞭解「ASEAN」、「APEC」代表的意義，當讀到一篇反覆出現上述單字的新聞，自然無法理解內容。即使作為聲音資訊輸入大腦，也無法建立認知，幾乎形同沒聽見。

由於不懂某個單字，所以不想聽見，使人在無意識下忽略含有該字的新聞。不知不覺間，變成對該領域的知識一無所知。即使單字不需特別努力就能學會，但若拒絕接觸，理解依舊趨近於零。為避免上述情況發生，希望大家養成習慣「多查閱不懂的遣詞用字」。

▼懂得基本詞彙，作為多元學習的門票

接受他人指導時，若缺乏適當的詞彙量，便很難繼續學習。平日閱讀報章雜誌、新聞或專業書籍時，可以接觸大量詞彙，盡力查閱不懂的部分；與其他領域的

專業人士交流時，若不懂對方經常提到的單字，也應該查字典或搜尋網路資訊。

即使是不熟悉的領域，如果能認識基本的相關詞彙，就可以接受別人的指導、進一步學習。當確實理解他人話中的涵義，並讓對方也感受到，他們自然會加深談話內容。這樣我們就有機會接觸、吸收更寬廣的知識。由此可見，「認識詞彙多寡」之於學習的重要性不容忽視。

▼跨領域學習，創造自己的「獨特性」

「獨特性」有益於成人學習，在必要學習之外的剩餘時間，不妨加強自己這項特質。全球化時代下，能說英文的人比比皆是，若工作要求同時兼具英文與中文能力時，具備雙語能力的人才身價立即水漲船高；又好比醫務專家若能身兼架構網站IT技術人員，想必會被視為少見的人才。

諸如此類，除了本身具備的專業外，還擁有另一項未達專家等級、但仍可增強個人特徵的「強項」。以此為目標，才能有效擴大獲得社會報酬的機會。即使是喜歡蒔花弄草、擅長拍照等，與工作沒有直接相關的特長也無妨。將屬於你的個人特質重新排列組合：具備英文能力並精通中文；既是醫務專家，對於花草也略有研究。把這些特質融於一身，活躍於工作或生活中的各式場景，不僅給人懂得享受人生的印象，也創造出自己的「獨特性」。

創造獨特性，可以從個人興趣著手。即使每週只有一次的時間，也應尋求專業的指導。凡是個人的興趣嗜好、喜愛的事物，都可以積極追求。唯有如此，才能**在個人專業工作領域及主要學習之外，「以豐富人生為目的」培養特長，逐漸樹立起「非他不可」的個人特色**。

大家千萬別把「培養特長」視為一大難題，只要依循自己心中的想望，然後加以重視即可。

學習二十分鐘，勝過二小時的讀書秘技

成人學習之所以不易持續，是因為無法確保學習的「時間及場所」。以我個人而言，想在繁忙的工作中，每天撥出二～三小時學習，簡直困難重重。因此，我選擇利用「零碎時間」唸書。

▼聰明人會利用「零碎時間」學習唸書

我常在通勤時學習。如果下午六點有預約的工作，**搭捷運前往需一小時。現在時間為下午四點，而手邊沒有緊急的工作，此時就是學習的絕佳時機。**

雖然也可以選擇留在公司，但待在辦公室，難免有人與你閒聊或請教公事；如果提早到約定場所唸書，考慮到對方多半也會提前抵達，那將使學習受到影響。

因此，我選擇帶著學習用品出發，在通勤途中唸書。捷運或公車若有空位，就找個座位坐下看書；若沒有空位，就改在月台座位唸書。為了避免造成其他乘客的不便，我會在出發的車站逗留20分鐘看書，再搭車前往距離目的地最近的車站，然後在該站停留30分鐘看書。

▼「移動的環境」反而讓大腦更清醒

上述學習方法的優點，在於可有效善用通勤的時間、與人相約也不容易遲到；此外，更有助於提升大腦清醒度。

我們知道適度活動身體可保持大腦清醒，但在辦公室或圖書館等地，不方便隨意走動。**若是在通勤的途中，便能利用步行活動身體。而且通勤時，周遭景物會隨之變化，大腦為因應變化得以保持清醒**；同時，大腦也會意識到通勤的時間限制，自然產生迫切感。以上這些特點皆可活化大腦，促成高效率學習。

▼嘈雜的場所，正好適合進行「朗讀」

利用通勤時間學習還有一項優點，那就是「方便朗讀」。在辦公室、圖書館等場所，不能隨意出聲。而車站月台、咖啡廳等處原本就人聲鼎沸，**以微小音量唸出學習內容，自然不易被察覺**，適合一邊學習、一邊朗讀輸出，強化記憶。

綜上所述，建議大家規劃學習方式時，可參考以下兩點：

❶學習不需要完整、固定的時段。

❷不一定要在「固定場所」學習。

▼時間不夠用是藉口，學習「不需要完整時間」

零碎時間適合學習，但我們偶爾也需要一段完整時間，例如要仿照考試情況寫模擬試題，或製作「重點筆記」時，就需要排定完整時段與固定場所。

此時，必須在安排其他行程前預先規劃，決定「我需要2小時」後，就立刻排入行程，**除了寫在行事曆上，還要向秘書或職務代理人告知「下星期的這個時段我已經有安排了」**。短短數小時的時間，只要有心，人人都能夠事先安排妥當。

不過請別抱持「沒有完整時間，就無法進行學習」的想法，妥善利用零碎時間仍可一點一滴累積學習進度。以此為基礎，再適度安排完整時段，唸起書來一樣可以充實豐富。

▼健康第一，有餘力再進修

最後特別提醒，當你忙到不可開交、下班後沒有任何餘力學習時，與其勉強唸書（其實每天安排15分鐘的學習時間就足夠了），不如先讓大腦與身體充分休息。畢竟健康的身體，是人生最可貴的財富。

讓大腦與身體適當休息，順利完成工作，以此為基本要求，方能進一步規劃同等重要的進修與休閒。希望各位讀者能在此認知下，琢磨屬於自己的學習方法，提高學習效率。

結語

跟大腦一起合作愉快！

腦科學為你打造「過目不忘」學習力

活用大腦，任何事都能「記得住」！

▼母親的一場病，是讓我成為醫生的契機

高中三年級時，我對於自己「將來想做什麼」一片茫然。從小就對航空相關話題很有興趣，原本暗自思索要報考名古屋大學的航空工學系；但高中三年下來，我都熱衷於排球社的活動。

高三那年的秋天，母親因腦疾病倒，起於藥物過敏引發休克，我家附近居然沒有任何可為母親看診的醫院。最後好不容易找到一位願意接手的醫師，當我問醫師：「我母親為什麼會這樣？」醫生卻斥責說：「小孩子不要多嘴！」這件事讓我留下很深的陰影。

當時我的心中充滿無力感，對自己的無能感到痛苦，同時湧現「我想成為醫生」的想法——這就是我成為腦神經外科醫師的契機。

▼人生目標隨時會出現，你準備好了嗎？

「不論花多少時間都要達成」的人生目標，需要強烈的契機才能找到。尚未找到目標的人，可能只是時機未到。奠定目標不一定來自「正面的美好想法」，也可能是深沉的懊悔，或是讓人一蹶不振的嚴重打擊。如同鐘擺懸盪幅度與推力的關係，**濃厚的正面與負面情感都是強大的動力，可以推動你「朝某方向前進」**。

找到真正的人生目標之前，並非要你完全不動聲色、毫無作為。朝目標邁進途中，「學習」具有重大意義。你可能會在某個時刻巧遇強烈契機，甚至改變往後的人生方向；即使轉向，之前你為工作或學習付出的努力和時間，也絕非毫無意義。

時時懷抱理想、擁有具體目標、朝某方向努力，這些是「想好好活著」的大腦努力運作之原動力。

▼自尊心激勵欲望，開發你的個人價值

為了擁有人生目標，自尊心非常重要。自尊心可解釋為「認知自己是有意義的存在」。以此為基礎，可使人主動產生欲望，想尋求適合自己的舞台。

幼年因為有父母和周遭大人的保護，建立自尊心並不難，然而踏入社會後，兒時培養的自尊心往往不堪一擊。**想建構並鞏固「個人價值」，唯有從社會獲得評價。**

對所有工作全力以赴，努力完成他人交辦事項，使對方覺得自己的能力傑出；即使工作能力未獲好評，還是能獲得「熱心、努力、誠實」此類評價，並贏取同事、上司的信賴，這些都是建立個人價值的基礎。

工作表現與待人處世得到好評，也不免會遇到同儕嫉妒，這時可以將這類負面評價，視為進一步「認識自我價值」的參考。

想認識「自我價值」，學習是不可或缺的關鍵。或許有人對「學這些以後可以做什麼」、「能通過哪些資格檢定」抱持疑問，但是，學習可以幫助我們認識個人

價值。前文曾說**「成人的學習不可欠缺目標」，但「因為學習而擁有目標」也是常見的，兩者互為表裡。**

▼腦科學為你打造「過目不忘」學習力

忙碌的現代社會使生活充滿壓力，想同時兼顧工作與學習非常困難，痛苦、悲傷、不安、憤怒等各種情緒因每日大小事排山倒海而來，儘管如此，成年人仍有需要進修的時期。於是本書分享了「高效率的活腦學習法」，強化大腦記憶力，希望能減輕大家讀書、進修的負擔。

最後，由衷感謝你們閱讀本書，書中的學習方法若能給予大家些微幫助，是我莫大的光榮。衷心祈願各位的大腦常保活力、學習事半功倍。

築山 節

Easy to Learn

Easy 輕鬆學 系列015

醫學院高材生才知道的驚人記憶術(修訂版)

工作沒效率、思緒卡住、提不起勁，徹底解除學習的3大死穴！

脳が冴える勉強法—覚醒を高め、思考を整える

作　者	築山節
譯　者	李伊芳
主　編	陳鳳如
執行編輯	洪曉萍
封面設計	張天薪
內文排版	菩薩蠻數位文化有限公司
出版發行	采實出版集團
行銷企劃	黃文慧、王珉嵐
業務發行	張世明、楊筱薔、賴思蘋
法律顧問	第一國際法律事務所 余淑杏律師
電子信箱	acme@acmebook.com.tw
采實官網	http://www.acmestore.com.tw
采實文化粉絲團	http://www.facebook.com/acmebook
I S B N	978-986-5683-60-3
定　價	270元
初版一刷	2013年6月27日
改版一刷	2015年9月03日
劃撥帳號	50148859
劃撥戶名	采實文化事業有限公司
	116台北市文山區羅斯福路五段158號7樓
	電話：（02）2397-7908
	傳真：（02）2397-7997

國家圖書館出版品預行編目資料

醫學院高材生才知道的驚人記憶術：工作沒效率、思緒卡住、提不起勁，徹底解除學習的3大死穴！／築山節作；李伊芳譯. - - 初版. - - 臺北市：采實文化,
民　面；　公分. --（輕鬆學系列；15）
譯自：脳が冴える勉強法 — 覚醒を高め、思考を整える
ISBN　978-986-5683-60-3（平裝）
1.學習方法　2.健腦法
521.1　　104011240

NOU GA SAERU BENKYO-HOU -KAKUSEI WO TAKAME, SHIKOU WO TOTONOERU-
by Takashi Tsukiyama

Original Japanese edition published by NHK Publishing, Inc.

This Traditional Chinese edition is published by arrangement with
NHK Publishing, Inc., Tokyo in care of Tuttle-Mori Agency, Inc., Tokyo
through Future View Technology Ltd., Taipei.

采實出版集團
ACME PUBLISHING GROUP

廣告回信
台北郵局登記證
台北廣字第03720號
免貼郵票

采實文化 ACME PUBLISHING 采實文化事業有限公司

100台北市中正區南昌路二段81號8樓

采實文化讀者服務部　收

讀者服務專線：（02）2397-7908

醫學院高材生才知道的

脳が冴える勉強法—覚醒を高め、思考を整える

驚人記憶術

修訂版

Easy 輕鬆學 系列專用回函

系列：輕鬆學015

書名：醫學院高材生才知道的驚人記憶術：工作沒效率、思緒卡住、提不起勁，徹底解除學習的3大死穴！

讀者資料（本資料只供出版社內部建檔及寄送必要書訊使用）：

1. 姓名：
2. 性別：□男　□女
3. 出生年月日：民國　　年　　月　　日（年齡：　　歲）
4. 教育程度：□大學以上　□大學　□專科　□高中（職）　□國中　□國小以下（含國小）
5. 聯絡地址：
6. 聯絡電話：
7. 電子郵件信箱：
8. 是否願意收到出版物相關資料：□願意　□不願意

購書資訊：

1. 您在哪裡購買本書？□金石堂（含金石堂網路書店）　□誠品　□何嘉仁　□博客來　□墊腳石　□其他：＿＿＿＿＿＿＿＿（請寫書店名稱）
2. 購買本書日期是？＿＿＿年＿＿＿月＿＿＿日
3. 您從哪裡得到這本書的相關訊息？□報紙廣告　□雜誌　□電視　□廣播　□親朋好友告知　□逛書店看到□別人送的　□網路上看到
4. 什麼原因讓你購買本書？□對主題感興趣　□被書名吸引才買的　□封面吸引人　□內容好，想買回去做做看　□其他：＿＿＿＿＿＿＿＿＿＿（請寫原因）
5. 看過書以後，您覺得本書的內容：□很好　□普通　□差強人意　□應再加強　□不夠充實
6. 對這本書的整體包裝設計，您覺得：□都很好　□封面吸引人，但內頁編排有待加強　□封面不夠吸引人，內頁編排很棒　□封面和內頁編排都有待加強　□封面和內頁編排都很差

寫下您對本書及出版社的建議：

1. 您最喜歡本書的特點：□實用簡單　□包裝設計　□內容充實
2. 您最喜歡本書中的哪一個章節？原因是？

＿＿＿＿＿＿＿＿＿＿＿＿＿＿＿＿＿＿＿＿

＿＿＿＿＿＿＿＿＿＿＿＿＿＿＿＿＿＿＿＿

3. 您最想知道哪些關於說話技巧、職場溝通的觀念？

＿＿＿＿＿＿＿＿＿＿＿＿＿＿＿＿＿＿＿＿

＿＿＿＿＿＿＿＿＿＿＿＿＿＿＿＿＿＿＿＿

4. 人際溝通、成功勵志、說話技巧、投資理財等，您希望我們出版哪一類型的商業書籍？

＿＿＿＿＿＿＿＿＿＿＿＿＿＿＿＿＿＿＿＿

＿＿＿＿＿＿＿＿＿＿＿＿＿＿＿＿＿＿＿＿